Ausführliche Informationen über
unsere Autoren und Bücher
finden Sie auf unserer Website
www.dtv.de

Marie-Luise von der Leyen

Max Mannheimer
Drei Leben

Erinnerungen

Mit s/w-Abbildungen

Deutscher Taschenbuch Verlag

Originalausgabe 2012
© Deutscher Taschenbuch Verlag GmbH & Co. KG,
München
Das Werk ist urheberrechtlich geschützt.
Sämtliche, auch auszugsweise Verwertungen bleiben vorbehalten.
Umschlagkonzept: Balk & Brumshagen
Umschlagfoto: Elija Boßler
Satz: Greiner & Reichel, Köln
Gesetzt aus der Minion
Druck und Bindung: Druckerei Kösel, Krugzell
Gedruckt auf säurefreiem, chlorfrei gebleichtem Papier
Printed in Germany · ISBN 978-3-423-24953-9

Inhalt

Glückliche Kindheit

A m 6. Februar 1920 wurde ich in Neutitschein geboren – eine, wie mir durchaus bewusst ist, ergänzungsbedürftige Information, denn niemand hat jemals von diesem Ort gehört (was auf die Neutitscheiner selbst natürlich nicht zutrifft, aber mit jedem Kilometer wahrer wird, den man sich von dort entfernt). Eigentlich zu Unrecht, denn Neutitschein, das sich früher Neu-Titschein schrieb und auf Tschechisch Nový Jičín heißt, war immer schon eine wunderschöne kleine Stadt, 140 Kilometer nordöstlich von Brünn und 60 Kilometer von der polnischen Grenze entfernt am Fuß der Beskiden gelegen, ziemlich genau da, wo das Gebirge in eine grüne Ebene übergeht.

Wenn man den Namen Neutitschein ausspricht, legt man die Betonung auf »Neu«, schon deshalb, weil es in vier Kilometer Entfernung auch ein Alt Titschein gibt, einen Ort mit damals knapp 700 Einwohnern, der bis zum 16. Jahrhundert um die Burg Titschein herum entstanden ist. Der letzte Burgherr, Friedrich von Zerotin, musste sie in der Zeit der Gegenreformation im Jahre 1623 verlassen, sodass sie verfiel und nach und nach zu der imposanten Ruine wurde, die sie heute ist. Sie war ein beliebtes Ausflugsziel in meiner Kindheit, eine Fahrradtour von einer Viertelstunde durch eine blühende Landschaft.

Das Land selbst war unter so vielen Kleinbauern aufgeteilt, dass sie, obwohl es fruchtbar war und Getreide, Obst und Gemüse darauf angebaut wurden, nur mehr schlecht als recht davon leben konnten. Nicht einmal das Vieh, das seit Jahrhunderten hier gezüchtet, gehalten und traditionell auf den Viehmärkten in der Umgebung verkauft wurde – weshalb die Gegend auch das »Kuhländchen« heißt –, warf mehr als das

7

Notwendige ab. So hatten die armen Bauern oft nur ein einziges Paar Schuhe, das sie nicht selten fünfzig Jahre lang trugen, die meiste Zeit zusammengeschnürt über der Schulter, um die Sohlen zu schonen.

Ehe sie im Jahre 1918 die Nationalität wechselte und Bestandteil der neugegründeten tschechoslowakischen Republik wurde, gehörte die Stadt Neutitschein zur k. u. k. Donaumonarchie. Dieser Zugehörigkeit verdankt sie ihr pittoreskes barockes Stadtbild, die vielen schönen, stuckverzierten Häuser mit ihren geschwungenen Giebeln und den großen, von dekorativen Arkaden gesäumten Stadtplatz. In den Arkaden, die bei uns Lauben hießen, gab es viele Geschäfte, die mich allerdings weniger interessierten als der Kiosk in einer nahegelegenen Passage, an dem ich zuweilen eine Lakritzschnecke von dem Geld kaufte, das ich zu Hause für den Schulbedarf bekam.

In zweien der stattlichsten Häuser am Stadtplatz waren die Apotheken »Zum weißen Engel« und »Zum schwarzen Adler« untergebracht. Dorthin schickte mich an einem ersten April – ich war damals sechs oder sieben Jahre alt – Herr Schattel, einer der Taxifahrer, die für gewöhnlich am Stadtplatz auf Kundschaft warteten. Er gab mir eine Krone und sagte: »Geh in die Apotheke und lass dir dafür ›Hau mich blau‹ geben. Hast du verstanden?« Ich hatte verstanden, ging in die Apotheke und verlangte für eine Krone Gummibonbons. Die brachte ich ihm. »Wieso bringst du mir Gummibonbons?«, fragte er, »hast du denn nicht ›Hau mich blau‹ verlangt?« – »Doch, hab' ich«, log ich mit Unschuldsmiene, »und das hat man mir dafür gegeben.« – »Kannst es behalten«, sagte Herr Schattel ein bisschen brummig, weil ich ihn reingelegt hatte, wo er doch mich hatte reinlegen wollen.

In der Mitte des Stadtplatzes steht die Mariensäule, davor der Brunnen mit der Bronzeskulptur eines tanzenden Kuhländler Bauernpaares. Er war ein beliebter Treffpunkt. Man verabredete sich dort mit seinen Freunden, wenn man Ausflüge machen oder zum Skilaufen gehen wollte. Mit seinen Freundinnen natürlich nicht, denn der Treffpunkt war alles andere als geheim. Aber Geheimnisse hatte ich ohnehin erst später.

Donnerstags war immer Markt auf dem Stadtplatz. Da kamen die Bäuerinnen in die Stadt und boten ihre Waren an. Die Hausfrauen gingen dann von Stand zu Stand, schwatzten mit den Händlern oder mit den Bekannten, die sie dort getroffen hatten, und verglichen sorgfältig Qualität und Preise, ehe sie etwas kauften – aufmerksam beobachtet von dem Polizisten, Herrn Klotzmann, der darauf zu achten hatte, dass sie die hygienischen Bestimmungen einhielten und nicht mit dem Finger in die Butter fuhren, um zu probieren, ob sie gut war.

Neutitschein war eine wohlhabende Stadt, in der es etliche Handwerksbetriebe, aber auch einige Fabriken gab, wo, zumindest bis zur Wirtschaftskrise im Jahre 1929, viele Bürger Arbeit fanden: mehrere Tuchfabriken, eine Tabakfabrik sowie drei Hutfabriken, in denen Filzhüte hergestellt wurden. Eine von ihnen, die Firma Hückel, gegründet 1799, so jedenfalls stand es an der Fassade, wurde nach dem Zweiten Weltkrieg verstaatlicht und in TONAK, tschechisch für »Hutfabrik«, umbenannt. Ich erinnere mich gut an das Firmenwappen, in dem sich zwei auf den Hinterläufen aufgerichtete Hasen mit den Vorderläufen gegenseitig stützten. Hasenfell, das wusste ich, war das Material, aus dem der Filz gemacht wurde.

Im Jahre 1938 verzeichnete die Stadt 14 000 Einwohner, drei Viertel von ihnen waren Deutsche, ein Viertel Tschechen und 209 Juden. Zum Zeitpunkt meiner Geburt wird es ähnlich gewesen sein. Außerdem gab es dort zwei katholische Kirchen, die »Dreifaltigkeitskirche«, in der auf Tschechisch, und die »Pfarrkirche«, in der auf Deutsch gepredigt wurde, darüber hinaus eine ganz kleine protestantische Kirche sowie seit 1908 eine Synagoge. In der Synagoge befand sich sogar eine Orgel, was absolut ungewöhnlich war, weil das Instrument christlichen Ursprungs ist und deshalb von orthodoxen Juden abgelehnt wird. Am Sabbat wurde sie von Herrn Ritz gespielt, und den Balg trat Herr Kral, beide Christen, denn in der jüdischen Gemeinde verstand sich niemand darauf. Am Sonntag spielte Herr Ritz die Orgel in der Pfarrkirche.

In der Legergasse, nahe dem Stadtplatz, hatte der älteste Bruder meiner Mutter, Jakob Gelb, eine Metzgerei. Aus einer Metzgersfamilie in Ungarisch Brod stammend, einer Stadt im Südosten von Mähren, etwa halb so groß wie Neutitschein und 80 Kilometer davon entfernt, hatte er es mit viel Fleiß schon in jungen Jahren zu einem eigenen Betrieb gebracht. Ich erinnere mich noch deutlich an den Geruch von Wurst, wenn man den Laden betrat, noch deutlicher aber an die Schaufensterdekoration, die aus einem Schweinskopf bestand, der eine Zitrone im Maul hatte. Das hielt man damals für eine gute Werbung, und vielleicht war sie es ja auch – immerhin erinnere ich mich nun schon seit meiner Kindheit daran.

Dort arbeitete meine Mutter, die Jüngste von insgesamt 14 Geschwistern, als Verkäuferin und dort lernte sie im Jahre 1918 auch meinen Vater kennen. Er stammte aus dem polnischen Myślenice, einer Kleinstadt in der Nähe von Krakau, und sprach Polnisch, Tschechisch und Deutsch. Meine Mutter sprach Tschechisch und Deutsch, die Umgangssprache in unserer Familie war Deutsch. Nach einer kaufmännischen Lehre im Lebensmittelgeschäft seines Onkels in Witkowitz, heute ein Stadtteil von Ostrava, früher Ostrau, war mein Vater zum Wehrdienst eingezogen worden. Er diente sieben Jahre in der k. u. k. Armee, brachte es darin zum Unteroffizier und war gegen Ende des Krieges in Neutitschein stationiert. Er war ein leidenschaftlicher Tänzer. Einmal, so wurde mir als Kind erzählt, soll er drei Nächte lang durchgetanzt haben, obwohl er tagsüber arbeiten musste. In der dritten Nacht wurde er vor Übermüdung ohnmächtig und erwachte erst wieder unter einem Schwall kalten Wassers.

Dass er ein paar Monate nach Kriegsende in der Neutitscheiner Landstraße Nummer 20 eine Gastwirtschaft pachten konnte, gab den Ausschlag dafür, dass meine Eltern schon bald, nämlich am 25. März 1919, heirateten. Bieten konnte mein Vater meiner

Mutter ansonsten freilich nichts: Sein Großvater hatte einst eine kleine Landwirtschaft besessen und den zugehörigen Wald vertrunken, während sein Vater mit einem Pferdefuhrwerk Waren in Krakau abholte und zu den Kaufleuten in Myślenice transportierte. Eine harte Arbeit, die morgens um vier Uhr begann und dennoch nicht mehr als das Lebensnotwendige einbrachte.

Meine Mutter hatte von ihrem Bruder Jakob ein paar kunstlose alte Möbel bekommen, die mit ihren Schnörkeln rechte Staubfänger waren, aber als Einrichtung in der Zweieinhalbzimmerwohnung über der Gastwirtschaft gute Verwendung fanden. Die Wirtschaft selbst war höchst einfach, man könnte sagen: Einfacher ging es nicht. Wenigstens hatte sie keinen Lehm-, sondern einen Holzfußboden, auf den jeden Morgen zur Reinigung ölgetränkte Sägespäne gestreut und danach wieder weggekehrt wurden. Das Publikum bestand hauptsächlich aus den Arbeitern der Hückel'schen Hutfabrik. Gegessen wurde kaum etwas, allenfalls Würstel, weil die Arbeiter sich nicht mehr leisten konnten, dafür aber getrunken: Bier und Korn und vor allem Wacholderschnaps, der in der Umgebung hergestellt wurde und Borowitschka hieß. Einmal im Monat kam ein Mitarbeiter der örtlichen Krankenkasse, der in den Gastwirtschaften die Runde machte, um die Beiträge für die Angestellten zu kassieren. Man nannte ihn den »Borowitschka-Toni«, weil man ihm überall, wo er auftauchte, zuallererst einen Borowitschka anbot.

Am Freitag war immer besonders viel los, weil da den Arbeitern der Wochenlohn ausgezahlt wurde. Damit sie ihn nicht sofort in Alkohol umsetzten, standen ihre Ehefrauen am Freitagmittag am Fabriktor Schlange und nahmen ihnen die Lohntüten ab. Mit dem Geld bezahlten sie die Schulden, die sie die Woche über beim Krämer gemacht hatten. Dabei ließen sie den Männern meist einen kleinen Rest, den diese dann schnurstracks in die Wirtschaft trugen.

Zehn Monate nach der Hochzeit meiner Eltern kam ich in einer Nebenstube des Wirtshauses zur Welt. Ich bin also unter lauter Betrunkenen groß geworden, was vermutlich mein

Verhältnis zum Alkohol entscheidend geprägt hat: Sowohl der Geruch als auch die Auswirkungen haben mich immer abgestoßen, ich trinke deshalb bis heute nicht. Auch den Geruch von Zigarren- und Zigarettenrauch, der durch alle Türen hindurchdrang, mochte ich nicht. Daher habe ich auch nie geraucht, ausgenommen im Lager Warschau, weil es hieß, Rauchen sei gut gegen den Hunger. (Es handelte sich dabei um russische Machorka-Zigaretten, die aus dem allerbilligsten Tabak hergestellt und der SS und der Wehrmacht nicht gut genug waren.) Glücklicherweise hatte ich mit der Gastwirtschaft selbst nichts zu tun, helfen musste ich nicht, das war die Aufgabe von zwei jungen Dienstmädchen, Toni und Andulka, die meinen Eltern gegen geringen Lohn zur Hand gingen. Toni fungierte außerdem als mein Kindermädchen und passte auf mich auf, wenn meine Mutter in der Wirtschaft beschäftigt war.

Das erste Erlebnis, an das ich mich erinnere, ist mein Besuch bei Familie Spitz, die im Nachbarort eine Landwirtschaft hatte. Ich war etwa vier Jahre alt. Es war nicht ungewöhnlich, dass wir Kinder allein unterwegs waren, es war ja, anders als heute, auch nicht besonders gefährlich, Autos gab es kaum. Weil bei Familie Spitz niemand zu Hause und die Haustür nicht abgeschlossen war, ging ich hinein. Da stand in großen Töpfen die Milch, aus denen sich die Nachbarn selbst bedienten, indem sie das, was sie brauchten, in blaue Henkelkannen schöpften und das Geld in einer geflochtenen Schale am Fenster hinterließen. Von der Bedeutung des Geldes wusste ich nichts, aber die blitzenden Münzen gefielen mir, und so stopfte ich kurzerhand die beiden Taschen meiner Schürze damit voll. Ich brachte sie nach Hause, wo meine Mutter sie sehr schnell entdeckte, zumal ich ja auch gar nicht versucht hatte, meine Beute zu verstecken. Sie schimpfte mich nicht, sie schimpfte mich eigentlich nie, auch geschlagen hat sie mich nie, sie war eine sehr feine, bescheidene Frau und eine sehr kluge Mutter, die nur gute Worte für ihre Kinder hatte. Vor allem verstand sie es, jedem ihrer Kinder das Gefühl zu geben, dass sie es ganz besonders gern hatte. Sie erklärte mir, dass man das Geld nicht nehmen dürfe, weil es der Familie Spitz gehöre, und schickte mich noch einmal dorthin, um es zurückzubringen. Es war der erste Appell an mein Unrechtsbewusstsein.

Gelobt sei Jesus Christus

Meine Mutter war die wichtigste Person in meinem Kinderleben, auch wenn sie mit uns weder gespielt noch gesungen oder uns vorgelesen hat, dazu hatte sie wohl keine Zeit. Einen einzigen Reim habe ich von ihr gelernt: »Le bœuf, der Ochs, la vache, die Kuh, fermez la porte, mach's Türl zu!« Das hat mir sehr gefallen, und ich war von dem Tag an, an dem sie mir den Spruch zum ersten Mal sagte, überzeugt, dass sie fließend Französisch sprach. Was natürlich gar nicht der Fall war. Am Sabbat las sie Gebete aus einem deutschen Gebetbuch.

Mit allen Fragen und Beschwerden wandte ich mich an meine Mutter. So auch mit der Frage, warum das Christkindl die Juden anders behandelte als die Christen. Anlass war eine Weihnachtsbescherung im Kindergarten, bei der ein christliches Kind ein Schaukelpferd bekam, das ich schrecklich gern gehabt hätte, während ich mich mit einem Holzspielzeug begnügen musste, mit dem man zwei Turner auf einem Barren Übungen machen lassen konnte, was mir weit weniger gefiel. Ich fand das enorm ungerecht und war überzeugt, dass das Christkindl die Juden nicht mochte. Meine Mutter beschwichtigte mich, indem sie mir sagte, dass die Christen eben andere Gewohnheiten hätten als die Juden. Ich konnte mit »Gewohnheiten« zwar nichts anfangen, aber ich akzeptierte ihre Erklärung. Allerdings, an Weihnachten wäre ich damals doch gern ein Christ gewesen.

Es war vermutlich das erste Mal, dass ich einen Unterschied zwischen Christen und Juden bewusst wahrnahm. Andere Wahrnehmungen kamen nach und nach hinzu: dass die Christen in die Kirche und die Juden in die Synagoge gingen; dass ich, obwohl ich den Pfarrer genau wie meine katholischen

Schulkameraden mit »Gelobt sei Jesus Christus« grüßte, vom christlichen Religionsunterricht ausgeschlossen war und dafür den jüdischen besuchte; dass es in Myślenice, wo ich bei meiner Großmutter väterlicherseits manchmal die Ferien verbrachte, eine streng orthodoxe Gemeinde mit sichtbar strenggläubigen Juden gab, die Bärte und Schläfenlocken, knöchellange schwarze Mäntel und schwarze Filzhüte oder, wenn sie wohlhabend waren, Biberpelzmützen trugen, was mir sehr fremdartig vorkam; dass meine Großmutter, die sehr religiös war, jeden Freitag den Zylinder der Petroleumlampe auf Hochglanz brachte, und, wenn sie damit fertig war, ihr schönstes Kleid anzog, ehe sie auf dem Esstisch zwei Kerzen im Kerzenleuchter anzündete. Ich durfte dann den Segensspruch über dem Brot aufsagen, und sie war immer sehr stolz, dass ich es so gut konnte. Ich selbst war es natürlich auch.

Als ich in die Schule kam, sagten die katholischen Mitschüler, dass die Juden Christus ermordet hätten, und vermittelten damit den jüdischen Kindern das Gefühl, dass sie als Juden die Schuld daran trügen. Zwar erklärte mir auch diesmal meine Mutter, dass das so nicht richtig sei, und ich fühlte mich deshalb auch in keiner Weise schuldig. Dennoch glaubte ich diese Unterstellung immer kompensieren und beweisen zu müssen, dass ich nicht nur nicht schuldig, sondern, im Gegenteil, besonders hilfsbereit und nett sei. Ich wollte beliebt sein. Deshalb spielte ich auch den Klassenclown.

Ich ging beispielsweise hinter dem Lateinlehrer her und machte hinter seinem Rücken eine lange Nase. Das kam bei den anderen gut an, denn vor dem Lateinlehrer hatten wir keinen Respekt. Er war ziemlich schlampig, manchmal erschien er mit einem Hemd in der Schule, an dem noch das Preisschild hing. Außerdem wusste die ganze Stadt, dass er ein Trinker war. Er korrigierte unsere Hefte in der Weinstube »Lischka«, wo das Tintenfass mit der roten Tinte und dem Federhalter immer seinen Platz auf der Fensterbank hatte, wie man beim Vorbeigehen von der Straße aus sehen konnte.

In diesem Zusammenhang fällt mir eine Anekdote aus der stalinistischen Zeit über einen aus Russland stammenden jüdischen Vater ein. Er war nach Amerika emigriert und schickte seinen Sohn, als dieser alt genug war, nach Moskau, damit er seine Heimat kennenlerne. Er bat ihn, viele Briefe zu schreiben, und da er wusste, dass diese zensiert würden, trug er ihm auf, alles, was wahr sei, in schwarzer Tinte zu schreiben, und alles, was nicht wahr sei, in roter. Der Sohn fuhr ab und schrieb seinem Vater viele Briefe. Als er zurückkam, bedankte sich der Vater und sagte:»Offensichtlich haben wir ja von Russland ein ganz falsches Bild, denn du hast alles in schwarzer Tinte geschrieben.« Darauf der Sohn:»Was sollte ich machen – es gab keine rote.«

Für meine Schulhefte brauchten die Lehrer viel rote Tinte, denn ich war ein schlechter und sehr fauler Schüler. Ich hatte zwar ein gutes Gedächtnis, was mich zuweilen rettete, einfach, weil ich mir ohne besondere Mühe merken konnte, was im Unterricht am Vortag besprochen worden war. Leider hatte ich jedoch nie den geringsten Ehrgeiz für die Schule, sie interessierte mich einfach nicht. Das einzige Fach, das ich mochte, war Sport. Darin war ich ziemlich gut. Dabei ärgerte es mich, dass mein Freund Fritz, der ein Jahr älter und um einiges größer war, schneller laufen konnte als ich und es schon wegen des Altersunterschieds aussichtslos war, den Vorsprung einzuholen. Schularbeiten habe ich meistens in der Schule vor Unterrichtsbeginn gemacht, nie zu Hause, vielmehr rannte ich, kaum dass ich zu Mittag gegessen hatte, auf die Straße, um Fußball zu spielen. Überhaupt fand meine Kindheit fast ausschließlich draußen statt. Nicht nur, weil wir – in zweieinhalb Zimmern – recht beengt wohnten, sondern auch, weil ich immer in Bewegung und deshalb am liebsten im Freien war.

Großen Ehrgeiz hatte ich in allem, was mich interessierte: Fußball, Autos und Mädchen. Was die Mädchen betrifft, so kamen sie erst etwas später dazu, aber so viel später auch wieder nicht. Fußball dagegen spielte ich schon, bevor ich in die Schule

Fußballverein Neutitschein (Max Mannheimer in der Hocke, links außen)

kam. Einen Fußball hatte ich nicht, dafür einen mit Lumpen ausgestopften und zu einer Kugel zusammengenähten Strumpf, der denselben Zweck erfüllte. Gespielt wurde mit den Nachbarsjungen auf dem Bürgersteig vor dem Haus, später in einem Hof in der Nachbarschaft, noch später auf dem Neutitscheiner Fußballfeld, wo ich es als linker Läufer bis in die lokale Mannschaft brachte. Ich war wohl nicht nur ehrgeizig, sondern auch talentiert. Und natürlich sehr stolz, dass ich im Neutitscheiner Fußballverein spielen durfte. Ich war der einzige Jude in der Mannschaft. Juden spielten selten Fußball, warum, weiß ich auch nicht.

Natürlich kannte ich alle berühmten Fußballspieler und sammelte, wie die meisten meiner Mitschüler, Fußballbilder, die einer bestimmten Schokolade der Firma Libo aus Litovel beilagen. Ich klebte sie in Alben und tauschte diejenigen, die ich doppelt oder dreifach hatte, gegen solche, die mir fehlten. Mein Lieblingsverein war »Slavia Prag«, der einen weltbekannten Torwart namens František Plánička hatte. Der trainierte seine berühmten Hechtsprünge auf einer Brücke, indem er von dort in den Fluss darunter sprang, das hat mir sehr imponiert. Wenn ich mich heute frage, warum er das so gemacht hat, kann ich es mir eigentlich so recht nicht erklären, denn es war ja ziemlich umständlich, immer wieder ins Wasser zu springen und zurück auf die Brücke zu klettern. Aber damals fand ich es sehr aufregend.

Am aufregendsten von allem waren für mich jedoch Autos. Angeblich konnte ich als Kleinkind zuallererst »Auto« sagen, lange bevor ich »Mama« oder »Papa« sagte. Sei's drum: Autos wurden schon sehr früh zu meiner lebenslangen Leidenschaft. Später kannte ich jeden Rennfahrer, von Caracciola über Stuck bis Rosemeyer, und wollte meinerseits unbedingt Rennfahrer werden. Damals gab es ja noch nicht den Rummel und das Millionengeschäft in diesem Sport. Mein Vorbild war der Franzose Louis Chiron, der auf dem Masaryk-Ring in Brünn in einem Bugatti Rennen fuhr.

Tatsächlich war für mich der Geruch von Autoabgasen der Lieblingsgeruch meiner Kindheit. Er rangierte in der Werteskala der Gerüche noch vor dem Duft der Martinskipferln, einer Art Mandel-Kipfel, die in den Bäckereien für den Martinstag gebacken wurden und der mir, wenn ich auf dem Heimweg von der Schule daran vorbeikam, schon auf der Straße in die Nase stieg.

Mit dem Heimkommen ließ ich mir üblicherweise sehr viel Zeit. Ich nutzte sie, indem ich den von mir gerade verehrten Damen die Tasche nach Hause trug. Dazu muss ich sagen, dass ich, seit ich denken kann, Frauen geliebt und verehrt habe, ich hatte immer eine große Affinität zu ihnen und gefiel mir in der Rolle des Kavaliers. Anfangs trug ich meiner Lehrerin die Tasche. Sie wohnte in einer städtischen Dienstwohnung im Neutitscheiner Schloss und sagte mir jedes Mal, dass ich lieber nach Hause gehen solle, weil die Mutter mit dem Essen warten würde. Das tat meine Mutter auch, aber sie stellte mich nie zur Rede, sondern war damit zufrieden, dass ich ihr sagte, ich hätte mich noch

Käthe (links) mit einer Freundin

unterhalten. Es war die Zeit, in der ich meiner Mutter nicht mehr alles erzählte (sie fragte aber auch nicht mehr so viel), sondern meine ersten kleinen Geheimnisse hatte. Ich konnte ihr schließlich nicht sagen, ich hätte der Lehrerin oder der Wilma oder der Hertha die Tasche nach Hause getragen.

Im selben Zimmer, in dem ich geboren worden war, kam eineinviertel Jahre nach mir mein Bruder Erich zur Welt, zwei Jahre nach ihm Ernst, zwei Jahre danach Edi und schließlich, im Jahre 1927, Käthe. Ich verstand mich mit allen Geschwistern gut, am besten natürlich mit den Brüdern, denn Käthe war sieben Jahre jünger als ich, und ein solcher Altersunterschied ist ja in der Kindheit enorm groß. Außerdem hatte sie kein Interesse daran, mich wie meine Brüder zum Fußball zu begleiten. Sie war lieber mit ihren Freundinnen zusammen, die alle aus jüdischen Kreisen stammten.

Erich war still, ein guter Schüler, und obwohl er jünger war als ich, um einiges größer. Darauf war ich eifersüchtig, ich fand es ungerecht. Ich war auch auf Ernst eifersüchtig, weil er keine Sommersprossen hatte wie ich, sondern eine makellose weiße Haut und ein sehr feingeschnittenes Gesicht, fast wie ein Mädchen. Edi war der umtriebigste von allen, er lief häufig weg oder ließ sich kilometerweit von Pferdefuhrwerken mitnehmen, dann wusste niemand, wo er war und wann er wiederkommen würde. Er war immer neugierig, immer auf Entdeckungsreise, und wenn er gefragt wurde, wo er gewesen sei, sagte er nur: »Um die Ecke.«

Edi war schon in jungen Jahren sehr geschäftstüchtig. Einmal nahm er das Zahngold, das mein Vater in der Nachttischschublade aufbewahrte, ging damit zum Juwelier Seidel in der Kirchengasse und bot es ihm zum Verkauf an – vielleicht im damals schon aufkeimenden Bewusstsein, dass Kapital immer arbeiten müsse. Der Juwelier sagte, dass er erst einmal die Qualität prüfen und deshalb das Zahngold dabehalten müsse. Stattdessen verständigte er meinen Vater.

Ein anderes Mal hatte mein Vater einen Eisenträger für ein neues Fenster bestellt, der auch geliefert und im Hof kurzfristig deponiert wurde. Als der Maurer die Traverse einmauern wollte, fehlte sie. Der Verdacht meines Vaters fiel sofort auf Edi, der auch sogleich gestand: Er hatte sie in der Zwischenzeit dem Herrn Silbermann für drei Kronen verkauft. Mein Vater, der dreißig Kronen dafür bezahlt hatte, bat Herrn Silbermann, die Traverse zurückzugeben, und versetzte Edi ein paar Ohrfeigen.

Normalerweise war ich es, der die Ohrfeigen bekam, vor allem, wenn wir zusammen etwas angestellt hatten, weil mein Vater fand, dass ich, als der Älteste, unsere Streiche hätte verhindern müssen. Zum Beispiel, als wir dem Nachbarn, der einen Obstgarten hatte, uns aber keine Äpfel schenken wollte, aus Rache stinkenden, bereits von Maden durchzogenen Handkäse,

Quargel genannt, in den Garten warfen, worüber er sich beim Vater beschwerte. Manchmal jedoch galten die Ohrfeigen auch mir persönlich. Beispielsweise, wenn sich der Frisör beklagte, ich würde ihn erschrecken, wenn ich im Vorbeigehen auf das metallene Aushängeschild, das über der Tür zu seinem Laden hing, schlüge. Es scheppere dann nämlich so sehr, dass er seinen Kunden beim Rasieren vor Schreck fast die Kehle durchschnitte. Straflos dagegen blieb, wenn wir an den Haustüren klingelten und davonliefen. Weil wir nie erwischt wurden.

Bestraft hat uns immer nur der Vater, die Mutter nie. Sie drohte zwar manchmal:»Ich werd's dem Vater sagen«, aber sie machte ihre Drohungen selten wahr. Die Strafe selbst bestand aus Ohrfeigen, das war eben so. Von Psychologie wusste man damals nichts, und wir dachten uns auch nichts weiter dabei. Über das Übliche denkt man ja meistens nicht nach. Außerdem war mein Vater ein gerechter Mann und wir teilten in der Regel seine Meinung, dass wir die Ohrfeigen verdient hätten.

Gesehen haben wir ihn sonst eigentlich nur beim Abendessen. Wenn er damit fertig war, ging er sofort ins Café »Heinrichshof« zum Kartenspielen. Das Café gehörte einer Wienerin, ihr Vorbild dafür war das Café »Heinrichshof« in Wien, in dem Künstler und Literaten verkehrten. Künstler und Literaten gab es bei uns zwar keine, dafür war der Neutitscheiner »Heinrichshof« das Stammlokal einer Kartenspielerrunde, zu der mein Vater gehörte. Er war ein leidenschaftlicher Spieler, und ich glaube, auch ein recht guter, denn wir bekamen alle möglichen Sachen, zum Beispiel Anzüge vom Konfektionshändler Ernst Gottlieb, wenn dieser beim Spiel verloren hatte und seine Spielschulden mit Kleidung bezahlte. Wir gingen dann mit unserer Mutter in seinen Laden, um uns etwas auszusuchen, aber nur, wenn Gottliebs Frau nicht da war, denn die durfte nicht wissen, dass er immer verlor, weil er so schlecht spielte. Sie hätte ihn dann vermutlich nicht mehr an den Kartentisch gelassen. Ernst Gottlieb war übrigens neben meinem Vater der einzige Jude in der Runde. Einmal in der Woche spielte mein Vater in einem tschechischen Lokal, damit es nicht hieß, er habe etwas gegen die Tschechen. Das war allerdings erst später, als er die Gastwirtschaft aufgegeben und einen Lebensmittelgroßhandel aufgemacht hatte.

Das geschah im Jahre 1930 und war mit dem Umzug in ein Haus in der Mühlgasse und in eine größere Wohnung verbunden. Mein Vater hatte das Haus gekauft, es allerdings mit einer Hypothek belasten müssen. Deshalb pflegte er zu sagen, dass er sich die eine Hälfte des Geldes geliehen habe und die andere schuldig geblieben sei. Zwar hatten wir Kinder uns auch in der Wohnung in der Landstraße nicht eigentlich beengt gefühlt, wir kannten es ja nicht anders, aber zweieinhalb Zimmer für sieben Familienmitglieder waren wohl doch etwas wenig. Die neue Wohnung lag im ersten Stock und hatte drei Zimmer. Eines war das Wohnzimmer, das am Abend zum Schlafzimmer für die Kinder hergerichtet wurde. Wir brauchten ja abends kein Wohnzimmer, weil mein Vater nicht zu Hause war. Ein anderes Zimmer war das Schlafzimmer meiner Eltern, eines das Büro meines Vaters, in das sich meine Mutter setzte, wenn sie lesen wollte. Sie las sehr viel, auch klassische Literatur. Keine Frage, dass sie meinem Vater intellektuell überlegen war. Außerdem gab es noch eine Küche, in der das Dienstmädchen Emma, das Andulka und Toni ablöste, in einem Bett schlief, das am Abend aus einem Küchentisch herausgezogen und am Morgen wieder hineingeschoben wurde.

Pastillen mit Zuckerstreuseln

Neben der Wohnung war das Magazin, in dem die Waren lagerten, die nicht gekühlt werden mussten, wie Schokolade und Bonbons, ebenerdig das Lager für Fisch und dergleichen, darunter der Keller für Käse und andere Produkte, die ebenfalls kühl aufbewahrt werden mussten. Das Sortiment war sehr unterschiedlich, es reichte von Malz- und Eukalyptusbonbons über Bücklinge, Kieler Sprotten und Sardellen bis hin zu dem bereits erwähnten Olmützer Quargel, einem beliebten, handgeformten Käse, der in Mähren hergestellt wurde und uns auch mal als Wurfgeschoss diente.

Meine Aufgabe war es, nach der Schule die neu angekommenen Kisten zu öffnen, die Waren herauszunehmen, in die Lagerräume zu tragen und in die Regale zu stellen. Dass ich mir dabei ab und zu etwas Schokolade oder ein paar Bonbons genehmigte, ist nie aufgefallen. Am liebsten mochte ich »Baumstamm«, das waren mit Schokolade gefüllte Waffeln, oder mit bunten Zuckerstreuseln dekorierte Pastillen. Außerdem schrieb ich auf Postkarten, die wir Korrespondenzkarten nannten, die Bestellungen aus, die bei den Herstellern aufgegeben wurden. Das Porto für die Korrespondenzkarten war billiger als das für Briefe, deshalb verwendeten wir immer die Karten. Wir hatten auch ein Telefon mit der Anschlussnummer 268, das an der Wand hing und mit einer Kurbel bedient wurde. Der Apparat war dafür da, dass wir angerufen werden und die Händler, die von uns beliefert wurden, eilige Bestellungen per Telefon aufgeben konnten, ansonsten benutzten wir ihn selten. Ich musste auch Rechnungen schreiben, die von meinem Vater kontrolliert wurden. Dabei war er überaus genau. Einmal habe ich einem

Lieferwagen des Vaters

Kunden für einen Karton Schokolade der Marke »Magnet« eine Krone zu viel berechnet, was dem Wert von sechs Semmeln entsprach und von ihm sicher gar nicht bemerkt worden wäre, dennoch musste ich mich entschuldigen und das Geld beim nächsten Wochenbesuch zurückgeben.

Wir hatten auch ein Auto, einen Chevrolet, erst einen kleinen, später einen etwas größeren, und einen Chauffeur, Albert Grosser, denn mein Vater konnte nicht Auto fahren und hatte auch keinen Führerschein. Mit Albert war er die ganze Woche unterwegs, um die Händler und Gasthäuser in den umliegenden Städten und Dörfern zu beliefern, aber abends kam er immer nach Neutitschein zurück, schon um Karten zu spielen. Nur einmal in der Woche kam er nicht, da fuhr er siebzig Kilometer weit nach Jablunkau an der polnischen Grenze und übernachtete im Hotel »Bulawa«.

Als ich zwölf war, begann mein Vater mir bestimmte Aufgaben im Geschäft zu übertragen, wenn er verreist war. In dieser Zeit besuchte ich an seiner Stelle mit Albert die Kunden. Ich nahm dann in den Läden und Gastwirtschaften die Bestellungen auf, gab sie Albert, der die Waren zusammenstellte und sie zusammen mit der Rechnung, die ich in der Zwischenzeit ausgeschrieben hatte, den Kunden brachte. Auf der Fahrt durfte ich manchmal das Auto lenken. Ich rutschte dann auf der Vorderbank ganz nah an Albert heran und steuerte das Lenkrad. Auf diese Weise lernte ich schon sehr früh das Autofahren. Die Geschichte, die man sich in der Stadt erzählte – dass ein Kunde des Motorradgeschäfts »Klapettek« aus der Laudongasse eines der Motorräder auf dem Stadtplatz ausprobierte, aber, da er in der Aufregung vergessen hatte, wie man es zum Stehen brachte, nun unter dem Gelächter der Passanten so lange weiterfahren musste, bis ihm das Benzin ausging –, wäre mir jedenfalls nicht passiert.

Eigentlich war ich ein recht sensibles Kind. Das Märchen von Hänsel und Gretel zum Beispiel mochte ich gar nicht, weil ich die Vorstellung, dass die Hexe immer den Finger von Hänsel begutachtet, um zu prüfen, ob man ihn schon schlachten kann, ganz schrecklich fand. Das war wohl das Erbteil meiner Mutter. Umso lieber ging ich ins Kino, was in der vordersten Reihe eine Krone kostete. Das Geld dafür gab mir meine Mutter, Taschengeld war bei uns nicht üblich. Ich habe mir sämtliche Popeye-Filme im Kino angesehen und kannte alle Schauspieler, allen voran Charlie Chaplin und Buster Keaton. In Marlene Dietrich war ich total verliebt, und Gary Cooper hat mir mit seinem lässigen Gang ungeheuer imponiert. Ich wäre auch gerne so lässig gewesen.

Auch Musik mochte ich, wenngleich ich nicht talentiert genug war, selbst zu musizieren. Vielleicht war ich aber auch nur zu faul. Meine Eltern hatten mir eine Geige geschenkt, die ein Säufer in der Gastwirtschaft versetzt hatte, und schickten mich zum Geigenunterricht. Den schwänzte ich aber oft. Ich verließ zwar mit dem Geigenkasten das Haus, ging dann aber stattdessen zum Rodeln. Dabei funktionierte ich den Kasten zum Schlitten um, indem ich mich daraufsetzte und damit den Berg hinunterfuhr. Manchmal rief der Geigenlehrer bei meiner Mutter an und fragte, wo ich bliebe. Wenn ich dann nach Hause kam, stellte sie mich zur Rede und drohte, dass sie es dem Vater sagen werde. Nach zwei Jahren gab ich das Geigenspielen auf.

Meine Affinität zur Musik beschränkte sich von da an aufs Radiohören, denn wir besaßen nicht nur ein Auto, ein Telefon und sogar einen Junkers-Gas-Boiler im Badezimmer, mit dem man schnell heißes Wasser zubereiten konnte – das war unser allergrößter Luxus –, sondern auch ein Rundfunkgerät. Unter den Komponisten mochte ich Mozart und Janáček, Smetana, Ravel und Gershwin, an Schlagern vor allem amerikanische, wie die von Irving Berlin. Aber auch Wiener Lieder gefielen mir, ich mochte den Wiener Dialekt, konnte ihn auch sprechen, sogar singen, wie zum Beispiel in dem Lied

»Ich hab mir für Grinzing an' Dienstmann engagiert,
damit mir nix passiert,
der mich nach Hause führt.
Und später, am Ende der Partie,
war der Dienstmann viel besoffener als i.«

Das hat Paul Hörbiger gesungen.

Eine andere musikalische Erfahrung war das Singen im Chor der Synagoge. Noch besser gefiel mir allerdings das Dirigieren, was man mir dort mit elf oder zwölf übertrug. Der Chor bestand zwar nur aus sechs oder sieben Kindern, doch machte mir das Dirigieren großen Spaß, weil ich immer gerne im Vordergrund stand. Daran hat sich bis heute nichts geändert.

Als ich dreizehn war, fand in der Synagoge die Feier meiner Bar-Mizwa, meiner Religionsmündigkeit, statt – das Ritual, mit dem die jungen Burschen in den Kreis der Männer aufgenommen werden. Sie können nun mit ihnen die Totengebete sprechen oder aber zum Lesen der Thora, der hebräischen Bibel, bestimmt werden. Nach der Bar-Mizwa tragen die jungen Männer, genau wie die älteren, die Kippa auf dem Kopf und beim Gebet den Gebetsschal, den Tallit, um den Hals. Wochentags muss jeder Jude zum Morgengebet die Tefillin anlegen, zwei Gebetsriemen, die, zusammen mit einem Ledergehäuse, das das Hauptgebet auf Pergament enthält, auf den Kopf gesetzt beziehungsweise sieben Mal um den linken Arm gewickelt werden. Zuvor werden die jungen Burschen ausführlich in jüdischer Religion und allen damit verbundenen Vorschriften und Pflichten unterrichtet. So gehen die jüdischen Männer, wenn sie es ernst nehmen, zwei Mal täglich in die Synagoge, um zu beten, Frauen jedoch meist nur an Feiertagen. Fromme Juden arbeiten nicht am Sabbat und dürfen dann zum Beispiel auch nicht Auto, Motorrad oder Fahrrad fahren. Aber natürlich halten sich nicht alle an die Vorschriften. Mein Vater zum Beispiel tat es nicht, meine Mutter sehr wohl. Sie kochte auch immer koscher. Sie verwendete dabei nur das Fleisch von Tieren mit gespaltenen Hufen, die zugleich Wiederkäuer sind, wie zum Beispiel Rind, Schaf oder Ziege, ausgenommen das Schwein. Koscher sind auch die meisten Fische, sofern sie Schuppen haben, nicht jedoch der Aal. Es gibt auch Regeln für die koschere Zubereitung, daran hielt sie sich ebenfalls. Ich selbst achtete nicht auf koscheres Essen. Als Kind aß ich sogar oft heimlich einen Löffel von dem Schweineschmalz, das unser Dienstmädchen Emma so mochte und auf der Fensterbank aufbewahrte. Es schmeckte mir vorzüglich. Wir nannten es »christliches Fett«.

Auch wenn ich die jüdischen Regeln, was mich persönlich anging, für dehnbar hielt, genoss ich die Bar-Mizwa sehr: Ich kam mir unheimlich wichtig vor und war immer sehr stolz, wenn zum Beispiel eine »Jahrzeit«, der jährliche Todestag eines Verstorbenen, begangen wurde, bei der zehn jüdische Männer anwesend sein und das Totengebet, das Kaddisch, sprechen müssen, und man mich dazurief, wenn einer fehlte.

Zu dieser Zeit hatten sich meine Freizeitbeschäftigungen gegenüber früher deutlich verändert. So ging ich zum Beispiel schon lange nicht mehr zum Rodeln. Stattdessen gehörte ich dem jüdischen Jugendclub in Neutitschein, dem »Makkabi«, an, mit dem ich am Sonntag unter der Aufsicht des Jugendleiters

Willi Klein im Sommer zum Wandern in die umliegenden Berge und im Winter zum Skilaufen ging. Die Pisten lagen ja gleich vor der Haustür und waren von Dezember bis März mit Schnee bedeckt. Mein Vater hatte mir ein Paar Skier gekauft. Sie waren rot, rochen wunderbar nach Lack und standen neben meinem Bett, wo ich sie immer wieder streichelte. Das Skifahren selbst lernte ich sehr schnell, obwohl wir keinen Skiunterricht hatten, sondern lediglich von Willi Klein ein bisschen angeleitet wurden.

Wenn wir keine Ausflüge machten, begleitete ich meine Eltern und Geschwister zum Sonntagskaffee bei Onkel Jakob Gelb, der die Metzgerei in der Legergasse hatte. Natürlich spielte mein Vater auch am Sonntag Karten und nicht selten vergaß er dabei den Verwandtenbesuch. Dann schickte mich meine Mutter in den »Heinrichshof«, um ihn zu holen. Hatte er ein gutes Blatt, musste ich manchmal auf ihn warten. Er bestellte mir dann meist eine Limonade, damit ich nicht ungeduldig wurde. Auch wenn er sie immer allein ließ, beschwerte sich meine Mutter nie bei meinem Vater wegen des Kartenspiels. Ich glaube nicht einmal, dass sie unter seiner ständigen Abwesenheit litt. Sie nahm sie hin.

Dazu fällt mir eine Geschichte über eine Ehefrau ein: Ein jüdischer Sohn eröffnet seinem Vater, dass er eine Gojte, also eine Nichtjüdin, heiraten will. Sagt der Vater:»Tu das nicht, mit einer Gojte wirst du immer Schwierigkeiten haben.« Sagt der Sohn: »Aber Papa, sie wird zum Judentum konvertieren.«

Die beiden heiraten also. Eines Tages fällt dem Vater auf, dass der Sohn, entgegen seiner früheren Gewohnheit, nie mehr am Sabbat ins Geschäft kommt, um ihm beim Verkauf zu helfen. Sagt er zum Sohn:»Warum kommst du nicht mehr ins Geschäft am Sabbat, das hast du doch sonst immer gemacht?« Sagt der Sohn:»Meine Frau besteht darauf, dass ich sie in die Synagoge begleite.« Sagt der Vater:»Ich hab's dir ja gesagt: Mit einer Gojte wirst du immer Schwierigkeiten haben.«

Mädchen

M it vierzehn trug ich nicht mehr der Lehrerin, sondern der
Wilma die Tasche. Wilma war wunderschön, sehr zierlich
und hatte einen schwarzen Pony. Sie wohnte in der Friedhofs-
gasse, was einen erheblichen Umweg für mich bedeutete, sodass
ich immer recht spät zum Mittagessen kam. Die Mutter wunderte sich, aber ich sagte ihr natürlich nicht, was mich so lange
aufgehalten hatte. Warum solle ich ihr irgendetwas beichten?
Wir Juden sind das Beichten ja nicht gewöhnt, wir müssen alles mit uns selbst ausmachen. Später trug ich der Hertha, die
braune Locken und so schöne Grübchen hatte, die Schultasche.
Hertha war, wie Wilma, kein jüdisches, sondern ein christliches
Mädchen und wohnte, wie wir, in der Mühlgasse, nur zweihun-
dert Meter von uns entfernt. Das fand ich eigentlich schade, sie
hätte ruhig weiter weg wohnen können.

Ich bin nie mit der Familie in die Ferien gefahren. Das ging
nicht, weil wir ja das Geschäft hatten, das durchgehend geführt
werden musste. Mein Vater fuhr einmal im Jahr zur Kur, aber
nur in den Schulferien und auch erst, seit ich ihn vertreten
konnte. Die Kur, die mein Vater machte, war eigentlich gar
keine Kur. Er wohnte zwar im Kurhotel »Smetana« in Luhatschowitz, aber er trank keinen Schluck von dem bitteren Kur-
wasser, sondern spielte die ganze Zeit mit anderen Kurgästen
Karten. Meine Mutter fuhr manchmal für zwei oder drei Tage
zu Verwandten, ein einziges Mal war auch sie zur Kur, weil sie
Rheuma hatte, aber sonst war sie immer zu Hause. Wir Kinder
dagegen wurden während der Ferien zu Verwandten geschickt,
mal zur Tante, mal zur Großmutter, damit die Mutter uns nicht

den ganzen Tag betreuen musste und auch, weil es für uns eine nette Abwechslung war. Ich fuhr des Öfteren zu meiner Großmutter väterlicherseits nach Myślenice. Sie hatte eine Tochter namens Frieda und zwei Enkelinnen: Lola, die sehr freundlich, und Hanka, die sehr streitsüchtig war, sich die Fingernägel lackierte und immer Grammophon spielte.

Einmal lernte mein Vater während seiner Kur eine Metzgersgattin aus Auschwitz kennen, die vier Kinder hatte. Sie fragte meinen Vater, ob er nicht eines seiner Kinder für eine Woche zu ihr schicken wolle. Die Wahl meiner Eltern fiel auf mich, weil Auschwitz in der Nähe von Myślenice lag, wo nach dem Besuch bei den Metzgersleuten ein paar Ferientage bei meiner Großmutter geplant waren. Ich war damals sechzehn.

Auschwitz, bis 1918 österreichisch, dann polnisch, war ein hübscher Ort, wenn auch nicht so schön wie Neutitschein, und natürlich rief der Name keinerlei Assoziationen hervor, wie er es heute tut. Am Bahnhof angekommen, nahm ich mir großspurig für einen Zloty (30 Semmeln) eine Droschke und fuhr zu meinen Gastgebern in die Stadt. Es war der Auftakt zu einer vergnüglichen Woche, in der ich mit den anderen Jugendlichen den dortigen jüdischen Jugendclub besuchte, in der Sola, einem Nebenfluss der Weichsel, schwamm und Eis in der Eisdiele aß.

Dabei lernte ich auch Sala Bachner kennen. Sie war die Tochter eines Schneiders, wunderschön, ganz mein Typ. Sie hatte rote Bäckchen, schwarze Haare und ein feingeschnittenes Gesicht. Ich verliebte mich unsterblich in sie. Als wir eines Abends gegen Mitternacht aus dem Jugendclub kamen, sagte sie, dass derjenige, der es wagen würde, auf den jüdischen Friedhof zu gehen, von ihr einen Kuss bekäme. Ich überlegte nicht lange, ging zum Friedhof, das Tor war offen, ich rannte hinein, es war stockdunkel, keine Ahnung, wie es dort aussah, und war in zwei Sekunden wieder draußen. Das war alles. Danach bekam ich von Sala zwei Küsse – rechts und links auf die Wange. Mein Kopf glühte derart, dass man, wären Wolframfäden darin gewesen, wie in den damaligen Glühlampen üblich, halb Auschwitz damit hätte beleuchten können. Ob Sala mich ihrerseits mochte, weiß ich nicht. Sie hatte den Kuss ja allen in Aussicht gestellt und nicht gesagt, *ich* solle sie küssen. Dennoch habe ich ein Leben lang an sie gedacht.

Nach den Ferien kehrte ich wieder an meine Schulbank zurück. Die befand sich seit zwei Jahren in der Deutschen Handelsschule. Der Wechsel war eine ziemliche Umstellung für mich gewesen, weil ich zum ersten Mal mit deutscher Geschichte, Mythologie und Literatur in Berührung kam, die in den tschechischen Schulen nicht auf dem Stundenplan gestanden hatten. Dass ich mich dort besser schlug als auf den bisherigen Schulen, war reines Glück, denn von Mitarbeit oder Schularbeiten hielt ich noch immer nicht viel. Ohnehin war ich die meiste Zeit damit beschäftigt, Zettel mit Liebeserklärungen an die hübscheren unter meinen Mitschülerinnen zu schreiben und unter der Bank zu verschicken.

Entsprechend besorgt war ich, als mich eines Tages der Lehrer für Handelskunde, Herr Funker, der gleichzeitig unser Schuldirektor war, unversehens aufrief:

»Mannheimer, Sie Schlingel«, sagte er, »kommen Sie an die Tafel!«

Dass er mich siezte, bedeutete nichts, denn das war ab einem Alter von fünfzehn Jahren die Regel.

»Welches Datum haben wir heute?«, fragte er mich.

»Den 15. Mai 1935«, antwortete ich.

»Die erste Frage haben Sie sehr gut beantwortet«, sagte er, »wir werden sehen, wie es weitergeht.«

Dann ging er zur Sache über: »Darf ein Eisenwarenhändler aufgrund der bestehenden Gewerbevorschriften auch mit Wein handeln?«

»Das darf er, wenn es sich um den eisenhaltigen Pepsinwein gegen Blutarmut handelt«, sagte ich.

Funker lachte, sein Bauch wippte, die Brille fiel ihm aufs Klassenbuch. Ich bekam eine Eins für meine Schlagfertigkeit und wurde das ganze Jahr über nicht mehr geprüft.

Mitschüler der Handelsschule (Max Mannheimer oben links außen)

Weil ich so ein unaufmerksamer Schüler war, wurde ich neben die Fuhrmann Trude »strafversetzt«, eine Vorzugsschülerin. Sie ließ mich immer abschreiben, ein weiterer Glücksfall im Hinblick auf meine Noten. Die Zeichnungen für Kunst und Geometrie machte Adolf Böhm für mich – als Gegenleistung dafür, dass ich ihm seine Aufsätze für den Tschechisch-Unterricht korrigierte. Nach dem Krieg studierte er an der Münchner Kunstakademie. Rückblickend kann ich sagen, dass ich eine sehr harmonische, glückliche Kindheit und Jugend hatte.

Es war im Jahre 1936, drei Jahre vor dem Überfall der Deutschen auf Polen, als mir eine Mitschülerin namens Emmy Haas während des Unterrichts ein Foto von Adolf Hitler in einem Buch zeigte. Sie saß in einer benachbarten Bank und hielt das Buch so, dass ich das Foto sehen musste. Es war kein dramatischer

Vorgang, aber eine Geste, die mir im Gedächtnis geblieben ist. Ob es eine Geste der Provokation, der Drohung oder der Distanzierung war, wusste ich nicht. Vielleicht entsprang sie auch einfach nur ihrer Neugier, wie ich wohl reagieren würde. Ich reagierte jedenfalls nicht. Ich sagte nichts. Sie sagte auch nichts. Auch in der Pause nicht.

Natürlich war mir klar, dass sie mir das Bild gezeigt hatte, weil ich Jude war. Dass es Antisemitismus gab, wusste ich ja längst. Er war in der Tschechoslowakei zwar weniger spürbar als in Polen, weil es bei uns vor dem Krieg nur rund 100 000 Juden gab, in Neutitschein selbst, wie bereits erwähnt, sogar nur 209. In Polen dagegen lebten 3,5 Millionen Juden – im »Schtetl« oder in Ghettos –, die der polnischen Bevölkerung aufgrund ihrer Kleidung, ihrer Sitten und auch ihrer Sprache (sie sprachen ja kaum Polnisch, sondern Jiddisch) sehr fremdartig vorkommen mussten.

Aber Zeichen von Antisemitismus waren auch bei uns zu spüren. Ich erinnere mich an einen Jungen, der etwas größer war als ich. Er rief mir immer »Saujud« nach. Mein Bruder Erich und ich lauerten ihm deshalb eines Tages auf, und während ich ihn festhielt, stopfte Erich ihm einen warmen Pferdeapfel in den Mund. Er hat nie wieder »Saujud« gerufen. Nach dem Krieg haben Edi und ich seine Schwester in unseren Haushalt als Haushaltshilfe aufgenommen, weil sie ein Kind, aber keine Arbeit hatte. Ich habe den Vorfall ihr gegenüber nie erwähnt. Sie konnte ja nichts dafür. Und was mich selbst betrifft, so hatte ich keine Rachegefühle. Damals nicht und auch später nicht. Nie.

Keine Chance dagegen hatte ich bei einem meiner Volksschullehrer, der ein Antisemit und ein Säufer war. Wenn er betrunken war und mir auf der Straße begegnete, zog er mich immer an den Haaren über den Schläfen hoch, was sehr wehtat, und fragte: »Na Max, möchtest du Olmütz sehen?« Nein, das wollte ich nicht. Es war sechzig Kilometer entfernt.

Es wäre ein Wunder gewesen, wenn die Menschen keine Vorurteile gegenüber Juden gehabt hätten. Sie wurden ja dazu erzogen, und von der Erziehung, auch der zu Vorurteilen, bleibt immer etwas hängen. Ich habe mir schon sehr früh Gedanken darüber gemacht und versucht, das Verhalten meiner Mitschüler zu verstehen. Meiner Meinung nach waren sie nicht allein verantwortlich für das, was sie dachten oder sagten. Wer weiß, vielleicht wäre ich als Nichtjude für die allgemeine Hetze auch anfällig gewesen.

Die Stimmung ändert sich

Ab Mitte der dreißiger Jahre veränderte sich die allgemeine
Stimmung. Sie wurde spürbar unruhiger. Die Veränderung
wurzelte in dem neuen deutschen Selbstbewusstsein, das auf die
Politik der Nationalsozialisten zurückzuführen war, und richtete
sich in der Tschechoslowakei zunächst gegen die Tschechen. Die
hatten in übertriebenem Nationalgefühl nach der Gründung der
Republik im Jahre 1918 die deutschen Mitbürger benachteiligt,
indem sie beispielsweise ihr Fortkommen in den staatlichen Ämtern systematisch blockierten. Das machte unter den Deutschen
viel böses Blut. Die antitschechische Haltung unter ihnen wuchs,
viele begannen, mit dem Naziregime zu sympathisieren. In den
Grenzgebieten Böhmens und Mährens, in denen besonders viele
Sudetendeutsche lebten, kam es im Jahre 1933 unter dem Vorsitz
von Konrad Henlein zur Gründung der »Sudetendeutschen Hei-
matfront«, die später in »Sudetendeutsche Partei« umbenannt
und von den Nationalsozialisten unterstützt wurde. Sie schürte
nationalsozialistische Agitationen und stiftete bewusst Unruhe
im Land. Von den Tschechen wurde sie lange unterschätzt.

Nach und nach drangen Meldungen über Judenverfolgungen
in Deutschland zu uns. Ich selbst las darüber zum ersten Mal
in der ›Morgenzeitung‹, die wir abonniert hatten, als darin das
Buch eines österreichischen jüdischen Emigranten vorgestellt
wurde.

Die jüdische Bevölkerung fing an, sich Sorgen zu machen.
Aber man beruhigte sich mit der trügerischen Gewissheit, dass
man in dem 1921/1922 zwischen der Tschechoslowakei, Jugoslawien und Rumänien geschlossenen Bündnis der »Kleinen En-
tente«, die von Frankreich und Polen unterstützt wurde, sicher

sei, und ging davon aus, dass sich die politischen Auseinandersetzungen auf Deutschland beschränken würden. Außerdem verfügte die Tschechoslowakei über eine der besten Armeen Europas. Wir redeten uns also ein, dass uns nichts passieren könne. Im Übrigen waren wir alle unpolitisch oder mehr oder minder politisch naiv.

Das galt selbstverständlich auch für mich. Ich war dreizehn, als Hitler an die Macht kam. Zwar las ich damals schon jeden Tag die Zeitung, aber ich konzentrierte mich dabei auf den Sport und bekam von der Politik allenfalls die Schlagzeilen mit. Zu Hause wurde nicht über Politik gesprochen. Mag sein, dass mein Vater im Kaffeehaus mit seinen Freunden darüber sprach. Zu Hause jedenfalls tat er es nicht.

Vorläufig also ging das Leben seinen gewohnten Gang. Ich absolvierte die Handelsschule und trat am 5. September 1936 eine Lehrstelle bei der Firma Schön & Co. in Znaim-Alt-Schallersdorf an, 190 Kilometer von Neutitschein entfernt. Die Schöns waren eine jüdische Familie und besaßen ein kleines Kaufhaus. Dass man sich bei jüdischen Firmen um eine Stelle bewarb, war normal, weil es sehr schwer war, als Jude in einem nichtjüdischen Betrieb unterzukommen. Das lag an den Vorurteilen gegenüber Juden, die es ja nicht erst in der Nazizeit, sondern schon jahrhundertelang vorher gegeben hat. Man fühlte sich als Jude unter Juden einfach geborgener. Die Unterkunft stellte üblicherweise der Lehrherr, und die war, wenn es sich um einen kleinen Betrieb handelte, zumeist im eigenen Haus. So wohnte ich in Znaim-Alt-Schallersdorf in einem möblierten Zimmer im Hause Schön.

Die Arbeit in der Firma gefiel mir gut, auch wenn sie werktags schon um halb sechs Uhr morgens begann und erst um neun Uhr abends endete und ich auch am Sonntagvormittag arbeiten musste. Gehandelt wurde mit Lebensmitteln, aber auch mit Eisenwaren, außerdem war Herr Schön Kommissionär der tschechischen Getreidegesellschaft, die das Monopol für Getreide hatte. Dessen Kauf und Verkauf zu staatlich festgesetzten

Preisen lag in den Händen der »Kommissionäre«, und so lernte ich das Getreide zu bewerten. Wichtig war beispielsweise, ob der Weizen hart oder weich war, weil harter Weizen mehr Mehl liefert als weicher. Auch musste man wissen, dass nur diejenigen Gerstenkörner, die mindestens 2,2 Millimeter breit waren, als Braugerste anerkannt wurden. Zum Betrieb gehörte auch eine Gurkeneinlegerei. Die Gurken wurden frühmorgens geerntet, gewogen, zur Hälfte durchgestochen, schließlich gewaschen und danach tagelang in großen Fässern mit Salzlake und konzentriertem Essig begossen, ehe sie, nach Größe sortiert, in Gläser mit verdünntem Essig gefüllt, mit Salicylsäure gegen eventuelles Nachgären präpariert und mit Dill, Meerrettich und Senfkörnern gewürzt, verkauft werden konnten.

Auch wenn sie am Sabbat arbeiteten, waren die Schöns sehr religiöse Menschen. Sie beteten morgens und abends. Eines Tages gab mir mein Lehrherr einen Umschlag mit 27500 Kronen und bat mich, das Geld bei der Post einzuzahlen. Im Postamt zählte ich es nach und bemerkte, dass es 100 Kronen zu viel waren. Ich sagte dem Postbeamten, dass ich 27500 Kronen einzahlen solle, aber festgestellt hätte, dass es hundert Kronen mehr seien, und bat ihn, die Summe zu überprüfen. Das tat er, bestätigte, dass ich recht hatte, und gab mir die 100 Kronen.

Als ich zurückkam, fragte mich mein Chef:

»Na, Maxl, hat alles gestimmt?«

Ich sagte:»Nein, 100 Kronen haben gefehlt.«

Er sah mich verwundert an. Da gab ich ihm die hundert Kronen, die er mir zu viel gegeben hatte, um zu testen, ob ich ehrlich war. Von diesem Tag an durfte ich an die Kasse.

Mein Vater hat uns zu absoluter Ehrlichkeit erzogen. Ich war, sofern es nicht um Leben und Tod ging, immer ehrlich. Schon weil ich mich schrecklich unwohl gefühlt hätte, wenn ich unehrlich gewesen wäre. Ich habe großes Glück gehabt, dass das Leben mich nicht gezwungen hat, unehrlich zu sein. So, wie ich es auch als großes Glück betrachte, dass ich nie in einer Situation war, in der ich jemanden hätte töten müssen.

Schwarz-weiß-rote Fahnen

Am 12. März 1938 erfolgte der »Anschluss« Österreichs an das Deutsche Reich. Für die österreichischen Juden eine verheerende Entwicklung. Viele von ihnen beschlossen zu emigrieren, einige wählten dabei den Weg über Znaim-Alt-Schallersdorf, das nur zehn Kilometer von der österreichischen Grenze entfernt lag, nach Brünn im Landesinneren der Tschechoslowakei. Es hatte sich bis Wien herumgesprochen, dass die tschechische Gendarmerie am Grenzübergang ein Auge zudrückte und dass die Familie Schön in Znaim bei der Weiterreise behilflich war. Und so war es auch: Die Schöns nahmen die Emigranten auf, die bei ihnen vorsprachen, und boten ihnen Unterkunft – nicht selten in meinem Bett, das ich für sie räumte –, was sie in der Regel nur für eine Nacht in Anspruch nahmen, um am nächsten Morgen nach Brünn weiterzufahren. Herr Schön organisierte ihre Abreise, rief das Taxi zum Bahnhof und bezahlte es. Sehr viel mehr konnte man nicht für diese Menschen tun.

Ich erinnere mich an eine Frau, die sich in aller Ruhe sorgfältig die Lippen vor dem Flurspiegel schminkte und auch noch Rouge auflegte, während das Taxi schon vor der Haustür wartete und ich sie drängte, es endlich zu besteigen. Damals verstand ich nicht, warum sie das tat, obwohl sie doch wusste, dass der Zug nach Brünn auch ohne sie abfahren würde. Warum in aller Welt musste sie sich ausgerechnet jetzt so lange schminken? Erst später habe ich gerade diese Ruhe bewundert, die ihre Entschlossenheit signalisierte, an ihrem Selbstbild festzuhalten.

Im September 1938 unterzeichneten Neville Chamberlain für Großbritannien, Édouard Daladier für Frankreich, Benito Mussolini für Italien und Adolf Hitler für Deutschland das Münch-

Erich mit einer Freundin

ner Abkommen, in dem Hitler die Annexion der Randgebiete Böhmens und Mährens, die hauptsächlich von Deutschen bevölkert waren und die Bezeichnung »Sudetenland« erhielten, gestattet wurde. Dabei verpflichtete er sich, keine weiteren territorialen Ansprüche zu stellen.

Angesichts der unsicherer werdenden Lage empfahl mir Herr Schön, zu meinen Eltern nach Neutitschein zurückzukehren. Ich folgte seinem Rat. Wie bisher wohnten Edgar, Ernst und Käthe bei ihnen. Nur mein Bruder Erich befand sich noch zur Ausbildung in Ostrau. Ansonsten war alles beim Alten.

Das änderte sich, als die deutschen Truppen wenige Wochen später, am 10. Oktober 1938, nach Neutitschein einmarschierten. Über Nacht hatte sich das Stadtbild völlig gewandelt. Überall hingen schwarz-weiß-rote Fahnen mit Hakenkreuzen, in allen Schaufenstern sah man Hitlerbilder und Schilder mit der Aufschrift »Wir danken unserem Führer« und »Wir begrüßen unseren Befreier«.

Ich ging auf die Straße, weil ich sehen wollte, was passierte.

Aus allen Häusern strömten die Bewohner und liefen in Richtung Stadtplatz, dem Zentrum des Geschehens, der in seiner imposanten Weitläufigkeit für derartige Spektakel wie geschaffen schien. Kurz vor dem Stadtplatz hielt ich inne, weil ich vermeiden wollte, von der aufgeregten Menge womöglich attackiert zu werden. Ich blieb im Schutz der Arkaden stehen und beobachtete das Ereignis von dort. Eine Blaskapelle spielte Marschmusik, ihr folgte eine Einheit uniformierter deutscher Soldaten in feldgrauen Uniformen auf knatternden Motorrädern mit Beiwagen oder in offenen Militärfahrzeugen. Sie wurden von der Menge frenetisch begrüßt. Die Leute waren außer sich, schwenkten Fähnchen und schrien immerzu: »Sieg Heil! Sieg Heil! Sieg Heil!« Ich fühlte mich unbehaglich.

Zu Hause überlegten wir, wie wir uns verhalten sollten und was zu tun sei. Wir wussten aus der Jüdischen Gemeinde, dass man nach Palästina auswandern konnte. Die Zionistische Organisation, eine Bewegung, die von Palästina gesteuert wurde, half europäischen Juden, dorthin auszuwandern. In vielen Ländern bot sie landwirtschaftliche Kurse an, weil in der Wüste Palästinas Arbeitskräfte für die Urbarmachung gebraucht wurden. Sie organisierten auch die notwendigen Papiere, inklusive der Ausreiseerlaubnis. In anderen Fällen wurden die Emigranten nach Genua oder Marseille gebracht, von wo sie per Schiff die Weiterreise nach Palästina antraten.

Mein Vater wollte nicht auswandern. Er war der Meinung, man könne von Haus und Geschäft nicht einfach so weglaufen. Und auch, dass es schon nicht so schlimm werden würde. Er war sich sicher, dass die sieben Jahre, die er in der k. u. k. Armee gedient hatte, als Verdienst honoriert werden würden. Meine Mutter, die immer sehr still war, sagte nichts. Also vertrauten wir auf das, was der Vater gesagt hatte. Nach und nach wurde er widerlegt, aber nur ganz langsam und in kleinen Schritten. Das Regime ließ einem vor jedem weiteren Schritt genügend Zeit, um sich an die Neuerungen – und die eigenen Fehleinschätzungen – zu gewöhnen.

Was es bedeutete, plötzlich zum Deutschen Reich zu gehören, erfuhren wir schon zwei Tage später. Die Nazis beschlagnahmten unseren Lieferwagen. Albert Grosser, unser Chauffeur, musste darin jetzt im Namen der »NS Volkswohlfahrt« Neutitscheiner Nazis über die Dörfer fahren, damit diese an die angeblich »hungernde Bevölkerung« Essen verteilen konnten: deutsche Konserven aus einem jüdischen Auto, beklebt mit NS-Volkswohl-Plakaten, chauffiert von einem sudetendeutschen Fahrer, der von einem Juden bezahlt wurde – es war schon grotesk. Obwohl damals im Sudetenland mit Sicherheit kaum jemand hungerte, kamen die Leute in Scharen. Wie immer, wenn es etwas umsonst gibt.

Aber auch anderes änderte sich. Die Menschen trugen mantelknopfgroße Parteiabzeichen am Revers. Viele verdeutschten ihre tschechischen Nachnamen und beriefen sich dabei auf deutsche Vorfahren. Erstaunlich, wie viele Tschechen, die sich bisher so heftig von den Deutschen distanziert hatten, plötzlich ihre deutschen Wurzeln ins Feld führten.

Und auch die Menschen in unserem unmittelbaren Umfeld zeigten bislang unbekannte Seiten – wie zum Beispiel unser Nachbar, Herr Demel, der ein Lebensmittelgeschäft hatte. Es war sehr klein, wie übrigens auch er selbst. Eines Tages kam Herr Demel in unseren Hof und erklärte stolz: »Früher waren wir klein, jetzt sind wir groß!« Man konnte ihn direkt wachsen sehen.

Oder der Frisör. Er hieß Alfred Kunz und kam jeden Abend, um meinen Vater zu rasieren. Mein Vater, der sehr großzügig war, gab ihm jedes Mal ein gutes Trinkgeld, weshalb sich Herr Kunz immer mit vielen Verbeugungen verabschiedete. Auch ich war sein Kunde, allerdings ging ich, anders als mein Vater, immer in sein Geschäft, schräg gegenüber von unserem Haus, wo er mir in regelmäßigen Abständen die Haare schnitt. Als ich nach der Besetzung durch die Deutschen eines Tages in seinen Laden kam, drückte er mir die antisemitische Wochenzeitung ›Der Stürmer‹ in die Hand, die auf der Titelseite die hässliche Karikatur eines Juden veröffentlicht hatte, und fragte:

»Na, was sagst du dazu?«

Was sollte ich dazu sagen?

»Natürlich ist die Herrenrasse schöner«, antwortete ich.

Meine Haare schnitt er, wiewohl sonst äußerst beredt, diesmal schweigend.

Die Uniformen, die plötzlich das Straßenbild von Neutitschein bestimmten, müssen eine so große Wirkung auf ihn gehabt haben, dass er kurz darauf seinen Beruf wechselte und Polizist wurde. Dabei ging sein Geschäft eigentlich ganz gut. Aber es ist offenbar ein großer Unterschied, ob man ein kleiner Frisör ist, der sich für jedes Trinkgeld verbeugen muss, oder ein Polizist, der in einer ehrfurchtgebietenden Uniform steckt, auf den Führer vereidigt wird und an der Macht teilhat. Dafür hat Alfred Kunz sogar seine Selbständigkeit aufgegeben. Wie so viele ist auch er der Nazipropaganda erlegen. Es war ja auch schwer, ihr zu entgehen, und wer nicht politisch oder religiös wirklich gefestigt war, hat ihr geglaubt.

Gegen jede Propaganda gefeit war mir dagegen eine Nachbarin aus der Mühlgasse erschienen, eine unverheiratete alte Frau, die tiefreligiös war und auf einer Kommode an der Wand eine Art Altar mit einem großen Marienbild und einer Kerze aufgebaut hatte, auf dem immer frische Blumen standen. Es war zu sehen, wenn man vorbeiging, weil das Fenster meist offenstand – wie übrigens bei vielen Leuten, die zeigen wollten, wie schön und ordentlich es drinnen war. Das hatte sie vermutlich ihr Leben lang so gehalten. Dennoch war das Marienbild eines Tages verschwunden. An seiner Stelle stand nun ein Hitlerbild. Ich wunderte mich sehr, weil ich nicht begreifen konnte, dass man einen Glauben, an dem man zeitlebens festgehalten hatte, über Nacht gegen einen anderen austauscht.

Andere machte die Propaganda zumindest neugierig, wie zum Beispiel unseren Chauffeur Albert Grosser. Er fuhr eigens nach Berlin, um Hitler zu sehen und sich ein Bild vor Ort zu machen. Als er zurückkam, war er beeindruckt:»Hitler«, sagte er, »tut etwas für die Menschen.«

Wieder andere probten eine Art verbalen Widerstand, wie der tschechische Metzger Tonda Neumann. Wie alle Ladenbesitzer hatte er auf Anordnung der Nazibehörden ein Schild ins Schaufenster gestellt, auf dem »Wir danken unserem Führer« stand. Das Sortiment war mittlerweile sehr klein geworden, weil die deutschen Wehrmachtsangehörigen aufgrund des für sie günstigen Wechselkurses viele Geschäfte leergekauft hatten. Als eine Kundin wissen wollte, warum sein Angebot derart geschrumpft sei, zitierte er das Schild. Die Kundin informierte die Polizei über seine Äußerung. Nur weil er ein beliebter Fußballspieler war, ging man nicht gegen ihn vor. Ein Beispiel von vielen: Denunziation war plötzlich an der Tagesordnung. Erstaunlich genug – denn den Leuten, denen man bisher Vertrauen entgegengebracht hatte, hätte man niemals einen Verrat zugetraut. Und doch musste man nun ständig darauf gefasst sein.

Mit meinen ehemaligen Mitschülern aus der Deutschen Handelsschule hatte ich nach der Besetzung keinen Kontakt mehr. Einmal bin ich einem von ihnen auf dem Marktplatz begegnet. Er hieß August Kampf, war nett und sympathisch, gewissermaßen ein Freund, auch wenn sein Vater Mitglied der NSDAP war. Ich hatte ihm, weil er sehr schlecht Tschechisch sprach, immer bei seinen tschechischen Aufsätzen geholfen. Als ich ihn traf, trug er eine SA-Uniform. Wir gaben beide vor, einander nicht zu sehen, er schaute in die eine Richtung, ich in die andere. Ich wusste, es war ihm verboten, mit Juden zu sprechen, und wollte ihn nicht in Verlegenheit bringen.

Die Nazis erließen auch eine Verordnung, die es streng verbot, bei Juden einzukaufen. Damit es niemand vergaß, mussten die jüdischen Ladenbesitzer ein Schild ins Schaufenster stellen, das die Kunden mit den Worten »Kauft nicht bei Juden« daran erinnerte. Als Großhandelsunternehmen hatten wir zwar kein Schaufenster, aber das Verbot galt auch für unsere Kunden. Zwei Deutsche kauften trotzdem weiterhin bei uns, und zwar mehr als zuvor, wenn auch nur am Abend, damit sie nicht gesehen wurden. Dennoch war die Firma nicht zu halten – das war ja auch der Plan. Es wurde uns »erlaubt«, wozu wir ohnehin gezwungen waren: das Geschäft zu liquidieren, das heißt, die Waren billig auszuverkaufen und den Betrieb zu schließen. Das Geld mussten wir auf ein Sperrkonto einzahlen, auf das – unter dem Vorwand, es müsse erst geprüft werden, ob wir unsere Steuern bezahlt hätten – nur der Staat Zugriff hatte. Wir haben nie wieder etwas davon gesehen.

In der Nacht vom 9. auf den 10. November, vier Wochen nach dem Einmarsch der deutschen Truppen in Neutitschein, wurden gleichzeitig in Deutschland, Österreich und dem Sudetenland die jüdischen Geschäfte demoliert, die Schaufenster eingeschlagen, die Läden geplündert und die Synagogen in Brand gesteckt – angeblich von der »kochenden Volksseele« nach dem Mord an dem deutschen Botschaftssekretär in Paris, Ernst Eduard vom Rath, durch den siebzehnjährigen, illegal in Paris lebenden Juden Herschel Grynszpan. Die Nazipropaganda behauptete, er sei »Teil einer jüdischen Weltverschwörung«. Das war er keineswegs, sondern ein Einzeltäter, der mehrfach vergeblich in der deutschen Botschaft in Paris vorstellig geworden war und um Hilfe für seine Eltern und Geschwister ersucht hatte. Diese waren kurz zuvor ohne jede Vorwarnung innerhalb einer Woche und mit nichts als ihrem Handgepäck aus Hannover in Richtung Polen abgeschoben worden. Da Polen die Einreise verweigert hatte, waren sie an der polnischen Grenze in einer aufgelassenen Kaserne und Pferdeställen untergebracht worden. Grynszpan hatte in der Pariser Botschaft gegen die Ausweisung seiner Familie protestiert. Aus Rache und Verzweiflung darüber, dass weder ihm selbst noch seiner Familie geholfen wurde, schoss der Siebzehnjährige am siebten November auf den deutschen Botschaftssekretär, der zwei Tage später seinen Verletzungen erlag.

Dass die Neutitscheiner Synagoge nicht wie die anderen angezündet wurde, verdankte sie nur der Tatsache, dass sie in unmittelbarer Nähe eines Gaskessels stand, der bei einem

Brand zweifellos explodiert wäre und gewaltigen Schaden in der Umgebung angerichtet hätte. Allerdings wurde sie geplündert, und die Thorarollen, Gebetsschals und Gebetbücher wurden auf die Straße geworfen. Dieses erste NS-Pogrom, das in seiner Systematik von zentraler Stelle befohlen war, ging als »Reichskristallnacht« in die Geschichte ein. Es war der Anfang der offiziellen Übergriffe auf die Juden. Für uns persönlich bedeutete dies, dass wir von nun an nicht mehr in die Synagoge gehen konnten. Meine Mutter, die als Frau ohnehin nur an den Feiertagen dorthin ging, fuhr fort, still für sich zu Hause zu beten.

Der nächste Übergriff erfolgte schon am nächsten Tag, als ein offener Polizeiwagen vor unserem Haus vorfuhr. Auf Holzbänken saßen Männer aus der jüdischen Gemeinde, bewacht von Polizisten in grüner Uniform. Zwei der Polizisten sprangen heraus und stürmten die Treppe zu unserer Wohnung hoch, wo die Familie versammelt war. Sie erklärten meinem Vater, dass er in »Schutzhaft« genommen werde, eine Anordnung, die als Reaktion auf die Vorkommnisse der Nacht für alle Männer zwischen 18 und 65 Jahren galt. Dabei wiesen die Polizisten auch auf mich und fragten meine Mutter, wie alt ich sei. Geistesgegenwärtig sagte sie:

»Siebzehn.«

Hätte sie mein wirkliches Alter verraten, hätte man auch mich mitgenommen.

Mein Vater wurde ins Neutitscheiner Gefängnis gebracht und nach drei Wochen wieder entlassen. Zuvor musste er eine Erklärung unterschreiben, dass er Neutitschein innerhalb einer Woche verlassen und seinen Fuß nie wieder auf deutschen Boden setzen würde. Er fuhr nach Ungarisch Brod, in den Heimatort meiner Mutter in Südmähren, um dort eine Wohnung für uns zu suchen. Er fand eine Zweieinhalbzimmerwohnung im Rückgebäude eines alten Hauses am Masaryk-Ring, der nach der Besetzung des Protektorats durch die Nazis in Adolf-Hitler-Platz umbenannt wurde.

Glück und Pech

Wegzugehen war schwer. Es ist immer schlimm, wenn man von zu Hause vertrieben wird. Dabei war es weniger der Verlust, der unsere Gedanken bestimmte, als die Gefahr, in der wir schwebten – aber auch die Hoffnung, ihr zu entrinnen. Am 27. Januar 1939 mussten wir das Sudetenland verlassen und in den noch unbesetzten Teil Mährens übersiedeln. Wir konnten ja nicht ahnen, dass ein paar Wochen später Hitler auch dort einmarschieren würde.

Vor der Ausreise mussten wir eine Bescheinigung vom Finanzamt einholen, dass wir alle unsere Steuern bezahlt hatten, und eine Liste unserer Habe erstellen. Meine Mutter legte sie, gemäß der Anordnung, der Neutitscheiner Gestapo zur Genehmigung vor. Tatsächlich erlaubte man ihr, alles mitzunehmen. Sogar die Badewanne und den Boiler. Dabei konnte es sich der Gestapobeamte, der die Liste abzeichnete, nicht verkneifen, darauf hinzuweisen, wie großzügig er sich verhielt:

»Da haben Sie ja großes Glück«, sagte er zu ihr, »dass Sie die Badewanne mitnehmen dürfen.«

»Wir haben auch schon viel Pech gehabt«, antwortete meine Mutter.

So unterschiedlich lässt sich Glück und Pech definieren.

Wir verließen Neutitschein in Richtung Ungarisch Brod, wo mein Vater uns erwartete. Unser Hausmädchen Maria, die in Neutitschein zurückblieb, weinte beim Abschied. Der Schreiner Jirgal, ein Deutscher, der Wohnung und Werkstatt im Erdgeschoss unseres Hauses hatte, wies sie zurecht:

»Juden«, sagte er, »weint man nicht nach.«

Meine Mutter fuhr mit Ernst, Edgar und Käthe im Möbelwagen, Albert Grosser chauffierte den Rest unserer Sachen im Chevrolet, den wir zur Ausreise zurückerhalten hatten, während ich mich mit meinem Motorrad auf die Reise machte. Mein Vater hatte es mir zu meinem 18. Geburtstag geschenkt. Es war eine Sensation gewesen. Nicht nur, weil ich so ein Auto- und Motorfan war, sondern auch, weil kaum einer von meinen Freunden ein Motorrad hatte. Nach vier Kilometern erreichte ich den noch nicht besetzten Teil Mährens. Ich musste mich nackt ausziehen, ein Zollbeamter trennte meine Gamaschen auf, um darin nach Geld zu suchen. Aber ich war nie ein Held: Ich hätte nie riskiert, Geld einzunähen, um es über die Grenze zu schmuggeln.

In Ungarisch Brod angekommen, versuchten wir, uns in unserem neuen Leben einzurichten. Meine Schwester Käthe, damals knapp zwölf, ging auf die Grundschule, später fand sie eine Lehrstelle in einem Damen-Frisörsalon am Adolf-Hitler-Platz. Ernst versuchte sich kurz als Installateur-Lehrling bei Verwandten in der Slowakei, kam jedoch bald zurück, um eine Stelle in einer Landwirtschaft in Ungarisch Brod anzutreten. Er war ein leidenschaftlicher Landwirt und arbeitete gern auf dem Feld, noch lieber jedoch bei den Pferden, die er oft sogar am Sonntag bürstete und striegelte, obwohl er da eigentlich freihatte.

Meinen jüngsten Bruder, Edi, brachte mein Vater bei einem christlichen Schuster, Herrn Cingálek, unter. Der wies Edi zuerst ab: »Man weiß ja, wie das mit euch Juden ist«, sagte er, »erst bringt man euch etwas bei, dann macht ihr nebenan einen Laden auf – und mir Konkurrenz.« Niemand nahm zu jener Zeit noch jüdische Lehrlinge, aber er nahm meinen Bruder dann doch. Edi war sicher ein sehr geschickter Lehrling, denn er hatte schon als kleiner Junge in einer Schusterwerkstatt in Neutitschein ohne jede Bezahlung mitgeholfen und sich dann in einer stillgelegten Kegelbahn in unserem Hof, die als Schuppen genutzt wurde, mit einem Schusterschemel und einem Tisch

Bei Straßenbauarbeiten

in eigener Werkstatt »selbständig« gemacht. Damals war er 15. Sein Freund, Karli Langer, akquirierte die Aufträge, indem er an den jüdischen Häusern klingelte und die Bewohner fragte, ob sie nicht Schuhe zu reparieren hätten. Wenn sie welche hatten, brachte er sie zu Edi, der die Arbeit daran ausführte. Erheblich unter Preis, versteht sich, er musste seine »Firma« ja erst einmal etablieren. Es war ihm durchaus ernst damit: Er wollte so groß und so reich werden wie der Schuhfabrikant Bata aus dem mährischen Zlín, der damals größte Schuhproduzent der Welt.

Edi war der geborene Unternehmer. Ein paar Tage, nachdem er seine neue Lehrstelle angetreten hatte, riet er Cingálek, die Werkstatt aus dem Erdgeschoss in den ersten Stock zu verlegen und unten ein Schuhgeschäft einzurichten. Cingálek befolgte den Rat seines Lehrlings. Wie sich zeigen sollte, mit großem Erfolg.

Ich selbst fand eine Stelle im Straßenbau. Juden durften damals nur noch manuelle Arbeiten ausführen, ein Versuch der Demütigung durch die Nazis. Allerdings fühlte ich mich nicht gedemütigt, die Arbeit machte mir sogar Spaß. Wir mussten Gräben ausheben und Erdreich schaufeln, Bagger gab es nicht. Meine Kollegen waren sehr einfache Menschen, die viel fluchten und mich ebenfalls das Fluchen lehrten. Ich konnte ihnen ja schlecht sagen, dass sie weniger vulgäre Ausdrücke gebrauchen sollten, dann hätten sie mich vermutlich nicht akzeptiert. Da ich ein guter Arbeiter war, nahmen sie mich schließlich sogar in ihre Akkord-Partie auf. Darin wurde man nach Leistung bezahlt und das hieß: besser als die anderen. Darauf war ich sehr stolz. Außerdem verdiente ich auf diese Weise etwas mehr. Das war wichtig, weil die Familie von dem Geld lebte, das Ernst und ich nach Hause brachten. Da mein Vater aufgrund seines Alters – er war 51 – keine Arbeit hatte, konnte er zum Unterhalt nichts beitragen, allenfalls seine Gewinne aus dem Kartenspiel, dem er am Nachmittag und Abend nachging (denn Kaffeehäuser gab es natürlich auch in Ungarisch Brod, wenngleich Juden nur das Café »Smetana« besuchen durften). Ersparnisse hatten wir keine – mit ihnen waren die Schulden auf das Neutitscheiner Haus abbezahlt worden –, und der Erlös aus dem Verkauf des Chevrolets hatte nicht lange vorgehalten.

Deshalb suchten Ernst und ich ständig nach Möglichkeiten, um am Wochenende etwas dazuzuverdienen. Eine Einnahmequelle ergab sich aus der Zwangsumsiedlung der jüdischen Bevölkerung von Ungarisch Hradisch nach Ungarisch Brod, wo sie in die Wohnungen der jüdischen Bewohner einquartiert wurden. Ernst und ich halfen ihnen beim Schleppen des Hausrats von den Lastwagen in die Wohnungen sowie beim Verschieben der Möbelstücke in den Zimmern, in denen es für die Bewohner jetzt sehr eng wurde. Manchmal sägten und hackten wir Holz, auch darin waren wir sehr geschickt.

Erich, der Schiffskoch hatte werden wollen, war zunächst Lehrling in der Konditorei der jüdischen Familie Pollack in der Slowakei gewesen. Danach hatte er eine Anstellung im Hotel »Palace« in Mährisch-Ostrau, dem ersten Haus am Platz, gefunden, schließlich im Hotel »Smetana« in Luhatschowitz, dem

13 Kilometer von Ungarisch Brod entfernten Kurort, den auch mein Vater des Öfteren besucht hatte.

Am 15. März 1939 brach Adolf Hitler das Münchner Abkommen, das er ein halbes Jahr zuvor unterzeichnet hatte, und annektierte die Tschechoslowakei. Am 20. April, seinem 50. Geburtstag, der bei dieser Gelegenheit zum öffentlichen Feiertag deklariert wurde, an dem die Schulkinder freihatten und die Geschäfte geschlossen blieben, lernte ich im jüdischen Club von Ungarisch Brod Viola kennen. Sie war 17, zwei Jahre jünger als ich, klein und zierlich, hatte feine Gesichtszüge und rötliches Haar. Meist war sie still und zurückhaltend, aber sie konnte auch sehr lustig sein. Sie wurde meine erste große Liebe. Als Tochter eines Schächters war sie in einem sehr orthodoxen jüdischen Elternhaus aufgewachsen und entsprechend konservativ erzogen. Dennoch setzte sie sich mir zuliebe oft über die religiösen Regeln hinweg. Wir trafen uns meistens am Sabbat, heimlich vor der Stadt. Sie setzte sich dann hinter mich auf mein Motorrad und wir fuhren durch die Gegend. Das durfte sie eigentlich nicht, weil orthodoxen Juden Motorradfahren am Sabbat verboten ist, und ich durfte es im Grunde auch nicht. Aber ich war ja nicht so orthodox erzogen worden wie sie. Einmal passierte es, dass sie sich an einem Pedal einen Strumpf zerriss. Ich riet ihr, die Strümpfe auszuziehen und wegzuwerfen. Das kostete sie einige Überwindung, denn ein jüdisches Mädchen darf nicht ohne Strümpfe gehen. Wir haben uns geküsst, mehr nicht: Es ging alles sehr viel züchtiger zu als heute. Abgesehen davon mussten wir um 20 Uhr zu Hause sein, weil die jüdische Bevölkerung danach Ausgangssperre hatte und bei Nichtbefolgung der Vorschrift riskiert hätte, von der Polizei erwischt und eingesperrt zu werden.

Am 1. September 1939 fiel Hitler in Polen ein. Die Alliierten erklärten ihrem untreuen Bündnispartner den Krieg. Dabei war der Schauplatz zunächst auf Polen begrenzt. Zur Durchquerung der Tschechoslowakei in Richtung Polen benutzte die deutsche

Wehrmacht eine Straße in der Nähe von Ungarisch Brod, die zuvor monatelang verbreitert worden war. Ich kannte sie gut – war ich doch einer der Straßenarbeiter gewesen, die dafür eingesetzt worden waren. Im Jahr darauf zog Viola mit ihren Eltern nach Prag. Dort besuchte ich sie, und wir taten wiederum Verbotenes, indem wir am Kinoeingang die Tafel »Juden ist der Zutritt nicht erlaubt« missachteten und uns den Film ›Alexander's Ragtime Band‹ ansahen. Das war riskant, aber gerade deshalb aufregend. Noch aufregender war es allerdings, mit Viola im dunklen Kino zu sitzen und Händchen zu halten.

Im Sommer 1940 wanderte sie nach Palästina aus. Sie wollte, dass ich mitkäme, auch ihre und meine Eltern ermutigten mich, aber ich lehnte den Vorschlag ab. Ich war der Älteste unter meinen Geschwistern und wollte in diesen unsicheren Zeiten meine Familie nicht alleine lassen. Trotz allem, was danach passierte, war ich immer froh, mich so entschieden zu haben. Wenn ich ausgewandert und die Familie umgekommen wäre, hätte ich mir mein Leben lang Vorwürfe gemacht, weggelaufen zu sein und nichts unternommen zu haben, um sie zu retten. Natürlich hätte – und hatte – ich sie nicht retten können. Aber woher hätte ich das als Immigrant in Palästina wissen können? Meine Eltern ihrerseits erwogen nie auszuwandern. Mein Vater war apolitisch und nach wie vor der Meinung, dass ihm nichts passieren würde. Und meine Mutter äußerte sich nicht.

Viola hat sich schnell getröstet. Auf dem Schiff nach Palästina traf sie den Mann, den sie später geheiratet hat. Ich wiederum lernte wenig später Eva Bock kennen, die Tochter eines jüdischen Arztes, ein Jahr jünger als ich, sehr klein und sehr intelligent. Vor allem, dass Eva intelligent war, imponierte mir. Gedankenaustausch in einer Beziehung war mir immer wichtig, und ich war glücklich, wenn ich von einer klügeren Frau etwas lernen konnte. Ich wusste ja, dass meine Bildung erhebliche Lücken hatte. Minderwertigkeitskomplexe hatte ich dennoch nie und auch keine Angst vor klugen Frauen.

Eva war Krankenschwester und hatte eine landwirtschaftliche Ausbildung absolviert, um für eine eventuelle Auswanderung nach Palästina gerüstet zu sein. Sie wollte auch Stenografie lernen, und da dies zu meinen Fächern in der Handelsschule gehört hatte, gab ich ihr Unterricht. Auf diese Weise sahen wir uns jeden Tag.

In der Zwischenzeit nahmen die Einschränkungen für Juden immer mehr zu. Nicht nur durften sie nur noch manuelle Arbeiten ausführen (und auch das nur bis zum Alter von 45 Jahren). Sie durften auch kein Kino und keinen öffentlichen Park betreten, kein Radio besitzen und nur zwischen 15 und 17 Uhr in den Geschäften einkaufen oder zum Frisör gehen. Sie durften weder in Straßenbahnen noch in Eisenbahnzügen fahren und Schiffe nur mit Sondererlaubnis benutzen, die natürlich kaum jemandem gewährt wurde. Auch bekamen sie weniger Lebensmittelmarken als der Rest der Bevölkerung. Darüber hinaus mussten sie einen jüdischen Vornamen als zweiten Vornamen führen. So hieß ich ab sofort Max Israel Mannheimer, meine Schwester Käthe Sarah Mannheimer. In Kennkarten und Pässe wurde ein großes J eingestempelt, damit auch keinem Grenzbeamten entging, dass er es mit einem Juden zu tun hatte. Ab 1941 mussten alle Juden einen gelben sechseckigen Stern mit dem hebräisch stilisierten Wort »Jude« in der Mitte sichtbar auf der linken Seite der Kleidung tragen. Dabei war es streng verboten, diesen durch Aktentaschen, Bücher oder dergleichen zu verdecken. Ich konnte nicht nähen und mein Vater auch nicht. Ich nehme an, dass meine Mutter diese Arbeit für die Familie übernommen hat.

Es waren gravierende Einschränkungen. Ich habe sie als unausweichlich hingenommen und mich damit abgefunden. Hätte ich das nicht getan, hätte ich etwas dagegen unternehmen müssen. Aber ich habe mich weder gewehrt noch habe ich gekämpft. Ich war eben nie ein Held, und in dieser Situation so inaktiv, wie man nur sein konnte. Nur ein einziges Mal habe ich so etwas

Verbotsschild in einem Park in Luhatschowitz

wie Widerstand geleistet: Als ich im Kurort Luhatschowitz beim
Straßenbau arbeitete, ging ich, obwohl es Juden verboten war,
nach acht Uhr abends das Haus zu verlassen, am Abend in den
Kuranlagen spazieren. Da standen überall Verbotstafeln mit
dem Hinweis »Juden nicht zugänglich«, auf Tschechisch und
auf Deutsch. Ich habe mehrere dieser Tafeln aus der Erde geris-
sen und in die Büsche und einen Bach geworfen. Am nächsten
Abend ging ich wieder in die Anlagen und stellte fest, dass meine Protestaktion zwecklos gewesen war: Die Tafeln waren alle
wieder da.

Empört war ich nicht. Auch die anderen waren nicht empört,
soweit ich es beurteilen konnte. Vielleicht, weil sie hofften, es
handele sich nur um einen vorübergehenden Zustand. Vielleicht, weil sie Angst vor Bestrafung durch die Gestapo hatten,
die die Leute für jeden auch noch so geringen Regelverstoß ver-
haftete. Vielleicht aber auch, weil für Juden Ausgrenzung nichts
wirklich Neues war.

Am 23. Oktober 1941 ordnete das Reichssicherheitsamt an, dass kein Jude mehr das Deutsche Reich verlassen dürfe. Wir saßen in der Falle, aber das wussten wir noch nicht. Wir erfuhren auch nicht, dass drei Monate später die »Wannsee-Konferenz« zusammentrat, die über das Schicksal der Juden entschied. Das Sitzungsprotokoll ist erhalten: »In großen Arbeitskolonnen unter Trennung der Geschlechter werden die arbeitsfähigen Juden straßenbauend in diese Gebiete geführt«, heißt es darin, »wobei zweifellos ein Großteil durch natürliche Verminderung ausfallen wird. Der allfällig endlich verbleibende Rest wird, da es sich bei diesem zweifellos um den widerstandsfähigsten handelt, entsprechend behandelt werden müssen.« Natürlich war es ein streng geheimes Dokument, das erst nach dem Krieg bekannt wurde. Das Protokoll führte SS-Hauptsturmführer Adolf Eichmann, zuständiger Referent im Reichssicherheitshauptamt für die Deportationen der Juden aus dem Deutschen Reich und den besetzten Ländern.

Als er im Jahre 1960 durch den israelischen Geheimdienst aufgespürt, nach Israel entführt und dort vor Gericht gestellt wurde, erklärte er in der Befragung über seine Anwesenheit bei der Wannsee-Konferenz: »Die Konferenz dauerte eineinhalb Stunden, verlief in freundschaftlicher Atmosphäre und jedermann gab fröhlich seine Zustimmung, als die Technik der fabrikmäßigen Vernichtung und Eliminierung besprochen wurde. Die Ordonnanzen reichten Cognac ...«

Ich besitze eine Kopie des Konferenz-Protokolls.

Gerüchte

B ereits zum Zeitpunkt der Wannsee-Konferenz rollten die Judentransporte aus dem Deutschen Reich, dem Protektorat und Österreich nach Theresienstadt. Wir selbst erfuhren nur gerüchtweise von Konzentrationslagern und dass dort Schlimmes mit den Häftlingen passierte. Da wir kein Radio haben oder hören durften, waren wir auf die mündlichen Nachrichten angewiesen, wie sie im Café »Smetana«, dem einzigen offiziellen Treffpunkt der Juden in Ungarisch Brod, ausgetauscht und diskutiert wurden.

Zu dieser Zeit arbeitete ich ein paar Monate lang in einem Steinbruch außerhalb von Ungarisch Brod, danach in einem Sägewerk. Unter den Kollegen im Sägewerk waren viele Zigeuner, die meisten fleißig und sehr sympathisch. Einer von ihnen sagte mir, die Juden kämen alle nach Auschwitz.

»Dann sehen wir uns ja dort vielleicht wieder«, antwortete ich ihm. Eine düstere Prophezeiung, die sich bewahrheiten sollte.

Fest stand, dass seit Ende 1941 viele Juden ins Lager Theresienstadt in Nordböhmen geschickt und von dort zum Arbeitseinsatz in den Osten deportiert wurden. Darunter konnte man sich sogar etwas vorstellen: Theresienstadt lag einige Bahnstunden entfernt und war Ende des 18. Jahrhunderts von Joseph II., dem Sohn Maria Theresias, als Festungsstadt und Bollwerk gegen die Preußen errichtet worden. Während Maria Theresia die Juden nicht sonderlich mochte und angeordnet hatte, dass sie einen gelben Fleck an der Kleidung tragen sollten, wenn sie bei Hofe erschienen, war ihr Sohn ein liberaler Kaiser, der sich vermutlich nicht hätte vorstellen können, dass in seinen Kasernen einst ein Judenghetto eingerichtet werden würde. Auch sein

Großneffe, Kaiser Franz Joseph I., war tolerant gegenüber den Juden. In unserem Gebetbuch, das aus der Zeit vor dem Ersten Weltkrieg stammte, stand die Fürbitte, dass der Kaiser gesund bleiben möge. Man hätte mit Sicherheit nicht für ihn gebetet, wenn er die Juden tyrannisiert hätte.

Aber die Zeiten hatten sich geändert und mit ihnen die Verwendung der k. u. k. Militäranlagen in Theresienstadt. Im Jahre 1941 waren sie zum Altersghetto und zum Durchgangslager für die Deportationen in den Osten umfunktioniert worden. Insgesamt wurden 141 000 Juden nach Theresienstadt geschickt. Die Älteren unterschrieben sogar regelrechte Unterbringungsverträge, in denen ihnen bei Verzicht auf ihr Vermögen lebenslanges Wohnrecht zugesichert wurde. Nicht wenige von ihnen kamen mit feinem Gepäck, eleganten Kleidern und großen Erwartungen. Vor allem aber in der Hoffnung, endlich der Verfolgung entronnen zu sein. Die Hoffnung trog: Viele von ihnen starben schon bald nach ihrer Ankunft aus Mangel an Nahrung und medizinischer Versorgung.

Es gab einen Judenrat im Ghetto und sogar kulturelle Aktivitäten. Die Kinderoper ›Brundibar‹ von Hans Krása, 1941 in einem jüdischen Kinderheim in Prag uraufgeführt, wurde über fünfzig Mal gespielt. Allerdings musste das Ensemble häufig ergänzt und ausgetauscht werden, weil viele der kleinen Sänger und Sängerinnen mit ihren Eltern in die Vernichtungslager im Osten deportiert wurden. Das erforderte eine ständige Neubesetzung der Rollen.

Lange diente Theresienstadt den Nazis als Vorzeigesiedlung für das Ausland. Als sich eine Abordnung des Internationalen Roten Kreuzes ankündigte, wurde das Ghetto regelrecht herausgeputzt, in den ehemaligen Geschäften wurden Produkte präsentiert, die nicht zu kaufen waren, und in die früheren Caféhäuser Häftlinge gesetzt, die normal gekleidet und noch einigermaßen gut genährt waren. Die Nazis ließen sogar einen Propagandafilm über Theresienstadt mit dem Titel ›Der Führer schenkt den Juden eine Stadt‹ drehen. Er wurde als Dokumentarfilm ausgegeben und sollte der Welt demonstrieren, wie gut es die Juden dort hatten. Tatsächlich waren die meisten Personen, die in dem Film gezeigt und befragt wurden, Schauspieler. Regie führte der damals sehr bekannte jüdische Künstler Kurt Gerron aus Berlin, der in über 80 Filmen – beispielsweise in ›Der blaue Engel‹ neben Marlene Dietrich – mitgespielt hatte und auch als Regisseur, unter anderem von Filmen mit Heinz Rühmann und Hans Albers, hochgeschätzt war. Kritiker haben ihm seine Kollaboration mit den Nazis vorgeworfen, doch ist es absolut glaubhaft, dass er sich nur deshalb dazu bereitgefunden hatte, weil er wusste, in welcher Gefahr er war, und hoffte, sich dadurch retten zu können. Trotzdem wurde er, wie alle – jüdischen – Mitwirkenden nach Ende der Filmarbeiten in das Vernichtungslager Auschwitz deportiert. Sein Schicksal ist eines von vielen Beispielen, das zeigt, wie systematisch Zeugen des Holocaust vernichtet wurden. Es wird erzählt, dass Gerron, als er den Güterzug nach Auschwitz besteigen musste, noch vorbrachte, dass er für den Führer einen Film gedreht habe. Die SS habe ihm geantwortet: »Ja, deshalb.« Ob die Geschichte verbürgt ist, weiß ich allerdings nicht.

Da das Naziregime darauf verzichtete, Vernichtungslager in Deutschland zu errichten, konnte bei der Zivilbevölkerung die Mär vom »Arbeitseinsatz im Osten« lange aufrechterhalten werden. Wirklich alarmiert waren auch wir erst, als Erich, der im Jahre 1940 zu uns nach Ungarisch Brod gekommen war, dort im Café »Smetana« als Koch gearbeitet und mit uns am Adolf-Hitler-Platz gewohnt hatte, eines Abends nicht von der Arbeit nach Hause kam. Wir erfuhren, dass es im »Smetana« eine Razzia durch die Gestapo gegeben hatte und mein Bruder, ebenso wie seine Kollegin, die Köchin Erna Roth, verhaftet worden war.

Den Grund brachten wir nach und nach in Erfahrung: nämlich, dass der Ehemann von Erna Roth Verbindungen zu Schleusern unterhielt, die Juden gegen Bezahlung zur Flucht in die Slowakei verhalfen. Erich schien davon gewusst zu haben. Einer seiner Bekannten namens Lazarowicz, der das Land mit seiner Familie verlassen wollte, hatte Erich wiederholt darum gebeten, ihn mit dem ihm unbekannten Mittelsmann zusammenzubringen. Mein Bruder hatte sich zunächst geweigert, weil er das Ganze für zu riskant hielt – aber schließlich nachgegeben und die Verbindung hergestellt. Damit hatte das Verhängnis seinen Lauf genommen: Lazarowicz war von den Nazis an der Grenze geschnappt und verhaftet worden. Im Gefängnis hat er dann – vermutlich unter Folter – den Namen meines Bruders als Informanten preisgegeben.

Erich kam zunächst ins Gefängnis Ungarisch Hradisch und danach ins Kaunitz-Kolleg in Brünn, ein Gestapo-Gefängnis, das wegen seines brutalen Umgangs mit Gefangenen berüchtigt war. Wir sprachen nicht oft über ihn, aber wir dachten viel an ihn. Sicher dachte er auch an uns. Würden wir ihn jemals wieder sehen? Meine Mutter weinte oft.

Drei Jahre später traf ich Lazarowicz in Auschwitz. Die Begegnung mit ihm beschäftigte mich tagelang. Er hatte meinen Bruder verraten. Dennoch hasste ich ihn nicht. Ich verachtete ihn auch nicht. Ich wusste, dass die Nazis brutale Foltermethoden anwendeten, um Geständnisse zu erzwingen, und versuchte, mich in seine Situation hineinzuversetzen. Überlegte, wie ich mich an seiner Stelle verhalten hätte. Ich wusste es nicht. Ob Erich sein Schicksal erspart geblieben wäre, wenn Lazarowicz ihn nicht verraten hätte? Vielleicht. Vielleicht auch nicht.

Der Vorfall hatte uns endgültig die Augen geöffnet. Von nun an schlossen wir eine Deportation nicht mehr aus. Wir wussten ja inzwischen, dass Hitler Deutschland »judenfrei« machen wollte. Den Arbeitseinsatz »Ost« hielten wir mehr und mehr für eine Realität. Es hieß, dass Ehepaare zusammenbleiben würden. Deshalb heirateten Eva und ich am 24. September 1942. Es war eine kleine Hochzeit, an der nur die engsten Familienmitglieder – meine Eltern und alle Geschwister bis auf Erich sowie die Eltern und die Schwester und einige Verwandte von Eva – teilnahmen. Der Rabbiner von Ungarisch Brod, Dr. Nürnberger, vollzog das Trauungsritual im Haus der Jüdischen

Hochzeit mit Eva, 1942

Gemeinde. Danach trafen wir uns im Haus von Evas Eltern zum Hochzeitsessen. Eva trug ein helles, geblümtes Kleid und ich meinen besten dunklen Anzug. Auf dem Hochzeitsfoto lächeln wir hinter bunten Blumensträußen ein bisschen unsicher in die Kamera. Dabei fühlten wir uns gar nicht unsicher. Wir waren jung und verliebt und versuchten mit allen Kräften, die Gefährlichkeit der Situation zu vergessen – die zunehmenden Schikanen an den Juden, die Gestapogefängnisse, die Gerüchte über die Lager. Wir glaubten trotz allem an die Zukunft. Träumten von einer Hochzeitsreise, die wir nach dem Krieg nachholen würden. Hofften, dass Hitler ihn verlieren würde. Und auf ein glückliches Leben danach. Wenn man jung ist, ist der Tod unvorstellbar. Dass unsere Träume an der Rampe von Auschwitz enden würden, konnten wir zu diesem Zeitpunkt nicht ahnen.

Wir bezogen ein möbliertes Zimmer bei der Familie Löwy im Judenviertel von Ungarisch Brod. Es war eine kurze, glückliche Zeit. Auf den Tag genau vier Monate nach der Hochzeit, am 24. Januar 1943, erhielten wir ein Schreiben der Jüdischen Gemeinde mit einer Aufforderung des Sicherheitsdienstes, uns drei Tage später im Comenius-Gymnasium von Ungarisch Brod einzufinden. Wir durften pro Person bis zu 50 Kilogramm Gepäck mitnehmen und hatten eine Liste aller im Haushalt verbliebenen Gegenstände sowie verschiedene persönliche Dokumente mitzubringen. Die Aufforderung beendete zumindest die monatelange Spannung, wie es weitergehen würde.

Was uns beruhigte, war die Tatsache, dass alle unsere Familienangehörigen diese Aufforderung bekommen hatten. Wir würden also zusammen reisen – das war ungeheuer tröstlich. Wir wussten, dass wir nach Theresienstadt geschickt würden. Ob wir da bleiben würden, sagte man uns nicht. Der Name Theresienstadt erschreckte uns eigentlich nicht, im Gegenteil. Es war uns bekannt, dass andere Leute aus Ungarisch Brod dort lebten und dass sie Postkarten schrieben, in denen nur Positives stand. Dass sie dazu gezwungen worden waren und diese Post durch die Zensur gegangen war, wussten wir natürlich nicht, vielmehr schlossen wir aus den Berichten, dass es nicht so schlimm sein konnte. Ob Evas und meine Eltern das genauso sahen, weiß ich nicht. Vielleicht waren sie skeptischer als wir. Vielleicht sahen sie aber auch, wie ich, in der neuerlichen Veränderung eine Chance.

Es dauerte drei Tage, bis alle, die in die Schule bestellt worden waren, registriert waren. Man brachte uns in der Turnhalle und in Klassenzimmern unter, wo wir auf Strohsäcken schliefen. Schließlich wurde jedem von uns eine Nummer, die handschriftlich auf eine Papptafel geschrieben und an einer Kordel befestigt war, um den Hals gehängt. Es war der Anfang meines Lebens als Nummer. Diese erste lautete CP 510.

Am späten Nachmittag des dritten Tages brachen wir zum Bahnhof auf. Es war ein Zug von rund 1000 Personen, Männer, Frauen, Kinder, Alte, begleitet und bewacht von der tschechischen Polizei. Die meisten trugen Koffer, andere Rucksäcke oder beides. Manchen fiel das Gehen schwer, sie mussten gestützt, die kleinsten Kinder getragen werden. Ich erinnere mich nicht, dass die Kinder geweint hätten, auch die Erwachsenen weinten nicht.

Wir bestiegen einen Personenzug und kamen gegen neun Uhr abends im Ghetto Theresienstadt an. Dort wurden wir erneut registriert, diesmal von Ghettobewohnern, und bekamen neue Nummernschilder. Meine Nummer war CU 290. Meine Schwiegereltern, beide über sechzig, wurden »reklamiert«, das heißt, sie sollten in Theresienstadt bleiben, weil man davon ausging, dass die älteren Leute ohnehin bald sterben würden. Wenn dies nicht der Fall war, wurden sie – wie auch das Ehepaar Bock – später doch noch nach Auschwitz deportiert. Noch in der Nacht, die wir auf Stroh in einem Stall verbrachten, wurde ein neuer Transport für den nächsten Tag zusammengestellt. Meine Eltern, Ernst, Edi, Käthe, meine Frau Eva, ihre 20-jährige Schwester Judith und ich gehörten dazu. Flankiert von unseren Bewachern, marschierten wir am nächsten Morgen zum drei Kilometer entfernten Bahnhof Bauschowitz. Unser Gepäck wurde von Häftlingen auf Wagen transportiert. Auf dem Bahngleis verlasen SS-Leute unsere Nummern, dann stiegen wir in einen Personenzug.

Immerhin hatten wir ein Abteil für uns, wenn es auch mit acht Personen und sperrigem Gepäck außerordentlich eng darin war. Mein Vater ging noch immer davon aus, dass er wegen seiner früheren Verdienste im Militär besondere Privilegien genießen würde. Meine Mutter war weniger optimistisch. An der Wand des Waggons entdeckten wir die mit Bleistift niedergeschriebene Aufzählung aller Stationen bis zur polnischen Grenze: Dresden, Bautzen, Görlitz, Breslau, Brieg, Oppeln, Hindenburg. Dann brachen die Aufzeichnungen ab. Solange es hell war, konnten wir auch die Bahnhofsschilder lesen, an denen wir vorbeifuhren. Wir wussten also, dass wir in Richtung Osten fuhren. Gesagt hatte man uns nichts.

Als der Zug einmal sehr langsam fuhr, sahen wir an der Bahnböschung Häftlinge in zerlumpter Zivilkleidung, die einen

Judenstern auf dem Rücken trugen. Das war ungewöhnlich, weil man den Stern ja üblicherweise vorn tragen musste. Es waren ausgemergelte Gestalten mit kahlgeschorenen Köpfen, die erbärmlich aussahen und mit erhobenen Armen gestikulierten und um Brot baten. Wir warfen ihnen etwas von unserem Proviant aus dem Fenster zu. Ich habe nie vergessen, wie sie sich darauf stürzten und sich dabei gegenseitig stießen und wegdrängten. Ich erschrak – und fragte mich, ob das die Art von Arbeitseinsatz war, zu der wir fuhren, und ob es uns ähnlich ergehen würde. Zweifel beschlichen mich, ob unsere Vorstellungen von dem, was uns erwartete, richtig waren. Mehr noch: Mir wurde plötzlich klar, dass mit den Juden etwas Schlimmes geschah. Zum ersten Mal hatte ich große Angst.

Auschwitz-Birkenau

Gegen Mitternacht hielt der Zug an. Scheinwerfer flammten auf, wir sahen Lastwagen anrollen, Männer in SS-Uniformen und Häftlinge in gestreifter Kleidung auf uns zukommen. Wir waren an der Todesrampe von Auschwitz-Birkenau. Die SS-Leute brüllten, befahlen allen, auszusteigen und das Gepäck zurückzulassen. Zum ersten Mal reagierten die Menschen panisch. Sie wühlten in ihren Koffern, versuchten, mehrere Kleidungsstücke übereinander anzuziehen und möglichst viel in die Taschen ihrer Jacken und Mäntel zu stopfen. Ich selbst zog noch ein Hemd und einen Pullover über und steckte ein Päckchen Zigaretten ein. Vielleicht würde ich es als Tauschobjekt brauchen können. Dann stieg auch ich aus.

Es war kalt, der Himmel über der winterlichen Landschaft dunkel, nur die nähere Umgebung war vom grellen Licht gleißend heller Scheinwerfer beleuchtet. Auf den umliegenden Feldern und auf den Dächern der Gebäude in unserem Blickfeld lag Schnee. Der Zug hielt gegenüber einer Kartoffelmiete, einen Bahnsteig gab es nicht. Die Uniformierten kommandierten die Menschen, die sich müde und ängstlich aneinanderdrängten, hierhin und dorthin. Es herrschte ein unvorstellbares Chaos, das die Neuankömmlinge verwirrte und zutiefst erschreckte – aber das war wohl auch geplant, denn die Ankunft neuer Häftlinge fand, wie ich später beobachten konnte, immer auf dieselbe Weise statt. Man wollte die Menschen gefügig machen und sicher auch dramatische Abschiedsszenen vermeiden. Es gab keinen Abschied.

Frauen und Männer mussten sich in Fünferreihen aufstellen: »Männer extra!«

»Frauen extra!«

»Frauen mit Kindern extra!«

Die SS-Leute zählten uns, danach befahlen sie den Frauen und Kindern sowie den Männern, die schlecht zu Fuß waren, auf die Lastwagen zu steigen. Ich hielt Ausschau nach den weiblichen Mitgliedern meiner Familie, konnte aber in dem allgemeinen Gedränge weder meine Mutter noch meine Schwester, meine Frau oder meine Schwägerin entdecken. Ich sah nur immer neue Lastwagen anrollen und, mit Menschen beladen, davonfahren. Kurz darauf fand die erste Selektion unter den Männern statt, so genannt, weil ein SS-Offizier in grüner Uniform, das Totenkopfzeichen an Mütze und Spiegeln, unter den Häftlingen diejenigen auswählte, die vorerst am Leben bleiben sollten. Wir lernten schnell, uns vor den Selektionen zu fürchten.

Ein Uniformierter stellte sich vor uns und fragte nach Alter und Beruf. Die jüngeren, kräftigeren Männer schickte er nach links, die anderen nach rechts. Das System der Selektion war leicht zu erkennen.

Mein Vater kam als Erster aus meiner Familie an die Reihe.

»Alter?«

»Fünfundfünfzig.«

»Beruf?«

»Hilfsarbeiter.«

»Gesund?«

»Gesund.«

Er wurde nach rechts geschickt. Dann war ich dran.

»Alter?«

»Dreiundzwanzig.«

»Beruf?«

»Straßenbauarbeiter.«

»Gesund?«

»Gesund.«

Ich musste meine Hände zeigen. Er sah die Schwielen, Beweis für die Wahrheit meiner Aussage. Und meine Rettung. Junge, kräftige Straßenbauarbeiter konnte man gebrauchen.

»Links.«

Ich war froh, dass meine Brüder Ernst, neunzehn, Installateur, und Edi, siebzehn, Schuhmacherlehrling, ebenfalls nach links gingen. Beunruhigt war ich dagegen über die Einordnung meines Vaters. Und nicht minder besorgt dachte ich an die Frauen unserer Familie.

Als mich ein SS-Mann fragte, ob ich tschechische Zigaretten hätte, gab ich ihm welche von denen, die ich zuvor eingesteckt hatte. In der Hoffnung, als Gegenleistung eine Auskunft zu erhalten, fragte ich ihn, was mit den Kindern geschähe und wie oft man die Frauen sehen könne. Er sagte, dass wir die Frauen sonntags sehen könnten und die Kinder in den Kindergarten kämen. Ich war enttäuscht, dass die Aussagen offenbar nicht stimmten, wonach zumindest Ehepaare zusammenbleiben würden.

»Nur sonntags?«, fragte ich. Es war erst Dienstag.

»Das reicht doch«, sagte er.

In Dreierreihen marschierten wir, begleitet von SS-Wachen, rund 300 Meter weit über einen schmalen Feldweg auf das hell beleuchtete Quadrat des Lagers zu, das mit einem übermannshohen doppelten Stacheldraht gesichert war. An jeder Ecke ragte ein Wachturm, an dem Scheinwerfer angebracht waren, in den dunklen Himmel. An seinem oberen Ende befand sich eine Kanzel für die Wachen mit ihren Maschinengewehren. Wir passierten ein Tor. Dahinter erstreckte sich ein großes Gelände mit vielen länglichen Baracken, teils aus Holz, teils aus Ziegeln, durch lehmige Straßen voneinander getrennt: Wir waren im Quarantänelager Birkenau, das zum gleichnamigen Konzentrationslager gehörte. Drei Kilometer vom Stammlager Auschwitz entfernt, bildete es zusammen mit diesem den Gesamtkomplex Auschwitz-Birkenau.

Es war die Nacht vom 1. auf den 2. Februar 1943. Wieder mussten wir uns aufstellen, wieder wurden wir gezählt: Es waren nur noch 155 Männer übrig. Man hieß uns alle Wertsachen und das Geld, das wir bei uns hatten, auf einen Haufen werfen, auch das, das womöglich eingenäht war. Andernfalls drohten härteste

Strafen. Ich hatte einen Zehndollarschein, ein Geschenk meines Schwiegervaters »für den Notfall«, durch die Öffnung für das Kragenstäbchen in den Kragen meines Hemdes geschoben. Ich holte ihn heraus und warf ihn ebenfalls auf den Haufen. Dann wurden uns Kopf- und Körperhaare abrasiert, an allen zuvor behaarten Stellen wurde ein Läusemittel aufgetragen, das scheußlich nach Petroleum roch, und nachdem wir alle Kleidungsstücke bis auf die Schuhe und einen Gürtel ausgezogen hatten, wurden wir nackt über das freie Gelände in einen Saunaraum getrieben. Zuvor hatte ich einen französischen Häftling, der uns registrierte, gefragt, ob ich meine Kennkarte behalten solle. Er sagte, ich solle sie auf den Haufen werfen, ich bekäme eine neue. Eine barmherzige Lüge, wie ich sehr bald erfuhr.

Im Saunaraum ließ man uns stehen. Wir sahen eigenartig aus mit unseren Glatzen, ganz anders als zuvor. Immerhin war es warm. Einer der wenigen warmen Räume, an die ich mich in diesem Winter erinnere. Ich traf darin auf einen slowakischen Häftling, der, nach der Häftlingsnummer an seiner Jacke zu urteilen, schon länger im Lager war. Ich fragte ihn nach den Frauen, den Kindern und den älteren Leuten, die auf die Lastwagen gestiegen waren. »Gehen durch den Kamin«, sagte er knapp. Ich konnte mir beim besten Willen nicht vorstellen, dass er die Wahrheit sagte, und hielt die Antwort für einen makabren Scherz. Dennoch geschah in den nächsten Stunden genau das mit den übrigen Leuten aus Ungarisch Brod, die wir nicht mehr zu Gesicht bekommen sollten.

Wenig später ging eine eiserne Tür auf, und Häftlinge, mit Knüppeln in den Händen, trieben uns in einen klirrend kalten Raum und unter eiskalte Duschen. Da es keine Handtücher gab, versuchten wir, dem eisigen Strahl auszuweichen. Vergeblich. Man prügelte mit Stöcken auf uns ein. Dann bekamen wir, nass wie wir waren, Zivilkleidung: ein Paar Socken, eine Unterhose, ein Hemd, eine Jacke, eine Hose. Sonst nichts. Keinen Mantel, keinen Pullover, keine Mütze, keinen Schal, keine Handschuhe.

Die Jacke hatte am Rücken, die Hose an den Seitennähten jeweils einen senkrechten Streifen von roter Ölfarbe. Ob die Sachen passten, interessierte den Häftling, der sie austeilte, nicht. Als mein Bruder Edi, der 1,86 m groß war und eine Jacke mit sehr kurzen Ärmeln erhalten hatte, ihn bat, diese gegen eine etwas größere eintauschen zu dürfen, erhielt er statt der Jacke einen Faustschlag ins Gesicht. Edi taumelte, stürzte auf den Lattenrost des Duschraums und schlug mit dem Kopf auf dem Betonboden auf. Ich half ihm aufzustehen, er war etwas benommen, aber in der Kälte vor der Duschbaracke fing er sich wieder.

Es muss gegen vier Uhr morgens gewesen sein, als uns »Funktionshäftlinge«, so genannt, weil sie eine Funktion im Lager ausübten, vom Duschraum im Laufschritt in einen Pferdestall trieben, der ursprünglich als Stellplatz für Militärpferde gedient hatte. Der Laufschritt, begleitet von barschen Kommandos und Stockschlägen, war die übliche Gangart für Häftlinge. Als versäumten sie etwas, wenn sie sich nicht beeilten. Dabei standen wir, zumindest während der Quarantäne, meistens nur herum. Ganz offensichtlich bereitete das Befehlen den Kommandierenden Vergnügen und verlieh ihnen ein Gefühl der Macht.

Im Stall befanden sich dreistöckige Holzbetten, die auf jeder Ebene sechs Personen, insgesamt also 18 Personen, knappen Platz boten. Es gab weder Stroh noch Decken. Man befahl uns, die Schuhe auszuziehen und vor den untersten Betten abzustellen. Danach kletterten wir auf unsere Pritschen.

Obwohl wir todmüde waren, konnten wir nicht schlafen. Wir schlotterten vor Kälte. Und vor Angst. Irgendjemand, den man in der Dunkelheit nicht sah, schlug vor zu beten. So beteten wir gemeinsam das »Schm'a Israel«, das jedem jüdischen Kind vertraut ist. Was würde auf uns zukommen?

Gegen sechs Uhr morgens schlugen die »Stubendienste« (eine andere Bezeichnung für die Funktionshäftlinge) mit Stöcken an die Betten und brüllten: »Antreten zum Appell!« Sie brüllten immer. Alle brüllten. Wie die SS-Leute bei der Ankunft. Brüllen schien die Lagersprache zu sein. Es erschreckte mich, aber das sollte es wohl auch. Es war eine Methode, die Menschen einzuschüchtern. Ununterbrochene Machtdemonstration, die auf ununterbrochene Erniedrigung abzielte.

Manche fanden beim Aufstehen ihre guten Schuhe nicht mehr, an ihrer Stelle standen alte, ausgetretene, zu kleine oder zu große Schuhe – in der Nacht heimlich von Funktionshäftlingen ausgetauscht. Mit den guten Schuhen handelten sie untereinander, wie überhaupt mit allem, was irgendwie zu gebrauchen war, wie wir bald feststellten. Es half nichts, man musste eben die Schuhe anziehen, die es gab, auch wenn sie nicht passten und womöglich schmerzten und die Nässe hindurchdrang.

Nummer 99 728

Nach einer halben Stunde in der Kälte wurden wir in eine Baracke geschickt, in der ein Trupp polnischer Häftlinge zu uns stieß. Man rief uns nacheinander namentlich an einen Tisch, wo Häftlinge – es waren deutsche Zigeuner, Sinti genannt – mit Karteikarten und Tätowiernadeln saßen und uns, einmal mehr, nummerierten. Diesmal bekamen wir jedoch kein Schild umgehängt, vielmehr tätowierte man uns eine Nummer in die Haut des linken Unterarmes. Von nun an hatten wir keine Namen mehr, sondern waren für unsere Bewacher nur noch Nummern. Edgar war 99 727, ich 99 728 und Ernst 99 729. Es fehlte nicht viel bis 100 000. Wo waren die Menschen mit all diesen Nummern? Was war aus ihnen geworden? Was aus unseren Familienangehörigen? Und was würde aus uns selber werden?

Nach der Tätowierung trieb man uns aus der Baracke ins Freie. Zwei Stunden lang standen wir da, bewegten Arme und Beine, um nicht zu frieren. Hüpften auf der Stelle, weil die Füße kalt wurden und vor Kälte schmerzten. Taten nichts. Warteten. Seit dem Vorabend hatten wir nichts mehr zu essen bekommen und waren sehr hungrig. Aber das interessierte niemanden. Vor dem Abendappell wurden wir eine Stunde lang gedrillt.

»Bewegung!«

»Rührt euch!«

»Bewegung!«

»Sauhaufen!«

»Stillgestanden!«

Dann kam ein Blockältester. Wir mussten strammstehen, wurden gezählt, schließlich in eine andere Baracke geführt,

Block 18. Auch er ein Pferdestall. Hier verbrachten wir die ersten sechs Wochen.

Offiziell diente die Quarantäne dem Zweck herauszufinden, ob infektiöse Krankheiten eingeschleppt würden (dabei bekam man die schlimmsten Krankheiten erst im Lager). In Wirklichkeit war die Quarantäne jedoch ein psychischer und physischer Härtetest. Wer ihn überstand, kam ins Stammlager Auschwitz oder blieb in einem anderen Teil des Lagers Birkenau, das nicht dem Quarantänebereich, sondern dem Stammlager glich. Wer ihn nicht überstand, wurde noch in Birkenau umgebracht.

Wie schon in der Nacht zuvor mussten wir uns auch hier wieder in drei Lagen zu sechs Personen in ein dreistöckiges Gestell mit Holzbetten pferchen und auf Strohsäcken schlafen. Insgesamt waren auf diese Weise rund 400 Personen in einem Block untergebracht. Wir teilten ihn mit den Glaubensbrüdern aus Polen, die schon sehr bald eine eingeschworene Gemeinschaft darstellten, so wie wir auch. Wir hatten zwar dasselbe Schicksal, aber nicht dieselbe Sprache, das erschwerte die Verständigung. An den Schmalseiten der Baracke gab es jeweils ein Tor. Auf der einen Seite war der Schlafraum des Blockältesten und seines sogenannten Dieners, eines hübschen, etwa sechzehnjährigen Jungen aus der Slowakei, der dem Augenschein nach sein Geliebter war, sowie die Ausgabestelle für die Verpflegung. Auf der gegenüberliegenden Seite befand sich ein etwa zwei Quadratmeter großer Bretterverschlag mit zwei Latrinen, in dem die Häftlinge ihre Notdurft verrichteten. Ein scharfer Geruch nach Urin und Kot drang von dort in die Baracke. Dagegen konnte auch der »Scheißmeister« nichts ausrichten, der aus den Reihen der Häftlinge für diesen Posten bestimmt wurde und im Abort für Sauberkeit zu sorgen hatte. Eine wichtige Funktion, wie sich noch herausstellen sollte.

Nach 24 Stunden gab es endlich etwas zu essen: eine Ration Brot, einen Löffel Rübenmarmelade und einen Becher mit einer undefinierbaren schwarzen Brühe, in der irgendwelche Blätter schwammen. Wir aßen und tranken gierig. Plötzlich schrillte der Ton einer Trillerpfeife über das Gelände, wir hörten Rufe, die Postenketten – die die Wachposten außerhalb des Lagerzauns bildeten – wurden eingezogen. Von jetzt an bis zum Morgengrauen hätten wir Ausgangssperre, erklärten uns die Stubendienste, und dürften bis dahin den Block nicht mehr verlassen. Auf Zuwiderhandelnde würde aus den Wachtürmen scharf geschossen. Ich hatte noch vom gestrigen Abend das Bild mit den Posten und ihren Maschinengewehren im grellen Scheinwerferlicht vor Augen. Es war in mein Gehirn eingebrannt, für immer.

Wir kletterten auf unsere Betten. Links neben mir lagen meine Brüder und teilten sich eine Decke, ich teilte die meine mit Robert Alt, genannt Bobek, einem jungen Mann in meinem Alter, den ich aus Ungarisch Brod kannte, sympathisch und sehr intelligent. Unsere Ängste teilten wir nicht. Damit versuchten wir alleine fertigzuwerden. Ich betete still für mich. Die Tränen liefen mir übers Gesicht, ich weinte unhörbar. Um meine Eltern. Um meine Geschwister Erich und Käthe. Um meine Frau. Und um meine Hoffnungen. In vier Tagen würde ich dreiundzwanzig werden. Sicher? Nichts war mehr sicher.

Am nächsten Morgen fand dasselbe Ritual wie am Tag zuvor statt: Stockschläge auf die Bettgestelle signalisierten den Aufruf zum Morgenappell. Die Funktion des Blockältesten in unserem Block war einem kriminellen Reichsdeutschen zugeteilt. Zwar gab es unter den Funktionshäftlingen auch viele Juden. Als »Vorgesetzte«, Kapos* genannt, fungierten jedoch vor allem die dreißig reichsdeutschen Kriminellen, die man im Jahre 1940 aus dem KZ Sachsenhausen nach Auschwitz gebracht hatte, wo sie im Auftrag der SS agierten: Berufs- und Schwerverbrecher, die besonders brutal waren und für ihre Brutalität Vergünstigungen wie Lebensmittel oder Zigaretten bekamen. Meist genehmigten sie sich – inoffiziell – weitere Vergünstigungen, indem sie sich zum Beispiel Uniformen maßschneidern ließen und Tausch-

* Lagerjargon; die Bezeichnung stammt aus dem Italienischen und heißt so viel wie »Chef«.

71

geschäfte machten. Oder aber Essensrationen, die eigentlich den Häftlingen zustanden, nicht ausgaben, sondern selber aßen oder damit handelten. Sie waren die Herren über die Häftlinge. Man erkannte sie auf den ersten Blick an einem grünen Dreieck, »Winkel« genannt, das sie an ihrer Kleidung trugen. Auch die übrigen nichtjüdischen Häftlinge trugen Winkel: die politischen einen roten, die homosexuellen einen rosafarbenen, die Zeugen Jehovas einen lila und die Asozialen einen schwarzen. Die jüdischen Häftlinge waren mit einem kleinen weißen Streifen auf ihrer Jacke mit ihrer Nummer sowie einem gelbroten Davidstern gekennzeichnet. Wir bekamen sie am zweiten Tag, mussten sie selber aufnähen und während der sechs Wochen im Quarantänelager auf der Zivilkleidung und später auf der graublau gestreiften Häftlingsuniform tragen, die einem im Stammlager verpasst wurde. Ich selber konnte nicht nähen, das besorgte für mich ein Schneider, den ich noch aus Ungarisch Brod kannte.

Der Härtetest der Quarantäne begann schon beim ersten Appell vor dem Stallgebäude, »Block« genannt, in dem wir übernachtet hatten. »Block 18 stillgestanden!«, brüllte der Blockälteste, nachdem wir Aufstellung genommen hatten. Er trug gestreifte Häftlingskleidung, darauf einen grünen Winkel. »Ich bin euer Blockältester«, fuhr er in gleicher Lautstärke fort, »bei mir herrscht Ordnung, Sauberkeit, Disziplin! Wer nicht spurt, geht durch den Kamin!«

Es war das zweite Mal innerhalb weniger Stunden, dass ich das Wort hörte. Diesmal hielt ich es nicht mehr für einen Scherz. Vielmehr wurde mir plötzlich bewusst, dass es hier um Leben und Tod ging.

Noch bis zum Vortag war ich davon ausgegangen, dass das Unvorstellbare nicht mich betreffen würde. Ich weiß nicht, wie weit meine Naivität ging und wo mein Verdrängen begonnen hatte. Die Realität des Lagers jedenfalls zerstörte alle Hoffnungen auf einen Schlag. Sie ließ keinen anderen Schluss zu, als dass wir ermordet werden sollten. Sogar der Ort, wo dies geschehen würde, ließ sich ausmachen: Auf einer Baustelle in nur 250 Metern Entfernung nahmen vier neue Krematorien und neue Gaskammern Gestalt an, die knapp fünf Monate nach unserer Ankunft in Betrieb genommen wurden. Es bedurfte keiner Erklärung, wir wussten sofort, was da entstand. Das Unbehagen, das mich befallen hatte, seit ich die halbverhungerten jüdischen Häftlinge an der Bahnböschung gesehen hatte, verwandelte sich in Todesangst.

An eine Flucht war nicht zu denken. Ich sah, dass wenige Meter von dem Platz entfernt, auf dem wir Aufstellung genommen hatten, ein doppelter, mehrere Meter hoher beleuchteter Stacheldrahtzaun das Lager sicherte. Man hatte ein Schild daran angebracht, »Hochspannung! Lebensgefahr!« stand darauf. Viele mögen darüber nachgedacht haben, ob es nicht das Beste wäre, in den Zaun zu laufen. Auch ich habe es gedacht. Schon an diesem ersten Morgen, als ich ihn beim Appell links neben mir erblickte. Es war noch dunkel, der Boden gefroren, die Kälte drang durch den dünnen Stoff meiner Kleidung, ich fror erbärmlich. Ich stand in der ersten Reihe, neben mir mein jüngster Bruder Edi, neben ihm mein Bruder Ernst.

»Du wirst sehen«, flüsterte ich Edi zu, »wir werden Schaufeln bekommen und unser eigenes Grab schaufeln. Am besten wäre es, ich ginge zu den Drähten. Nur berühren, aus.« Ein Stromschlag, und alles wäre vorbei.

Edi sah mich an. »Willst du mich alleinlassen?«, fragte er leise.

Seine Frage veränderte alles. Meine Verzweiflung verwandelte sich in tiefe Scham: Wie konnte ich daran denken, mich umzubringen, während ich doch als der Ältere für meine beiden Brüder verantwortlich war und ihnen helfen musste, gerade jetzt, wo niemand sonst ihnen half? Erst später habe ich verstanden, dass es dieses Bewusstsein war, das mich die ganze Lagerzeit hindurch getragen und mir den Halt gegeben hat, der mich davor bewahrte aufzugeben. Es war die Verantwortung für meine Brüder, die mir meinen Lebenswillen verlieh. Dass nicht ich, sondern Edi der Stärkere war, änderte nichts daran.

Der Blockälteste schrie, die übrigen Funktionshäftlinge schrien. Immer. Und sie zählten uns auch immer. Beim Morgenappell, beim Abendappell. Die Zahl musste stimmen. Nur so konnten die Funktionshäftlinge sicher sein, dass keiner geflüchtet war, wie aussichtslos das auch immer sein mochte. Dennoch kam es auch vor, dass sie nicht stimmte. Dann wurde zuerst im Block gesucht. Manchmal lag der Gesuchte dort tot auf seiner Pritsche. Auch ich bin neben Toten aufgewacht und zutiefst erschrocken. An solchen Tagen war ich noch deprimierter als sonst.

Anders als die Häftlinge im Stammlager wurden die Quarantäne-Häftlinge nicht zur Arbeit eingeteilt. Da wir uns während des Tages nicht im Block aufhalten durften, standen wir die meiste Zeit im Freien herum und froren. Manchmal hatte ein Funktionshäftling Lust, uns mit schikanösen Arbeiten zu quälen. So fiel es am dritten Tag dem Lagerältesten ein, uns im Laufschritt zu einer Kiesgrube hinter einem Stacheldrahtzaun zu treiben, damit wir dort Kies holten, um den Schlamm auf dem Lagergelände trockenzulegen. Hinter dem Zaun stand ein Kapo, Chef eines sogenannten »Strafkommandos«, in das man eingewiesen wurde, wenn man sich irgendeines Vergehens schuldig gemacht hatte, und tyrannisierte die Häftlinge seines Kommandos. Sie waren bis auf die Knochen abgemagert, ihre Haut war mit Narben und Wunden übersät, die von Schlägen herrühren mochten, und sie sahen uns aus tiefliegenden, traurigen Augen an. An einer Stelle ließ sich der Stacheldraht etwa 50 Zentimeter anheben. Dort mussten wir hindurchkriechen, auf der anderen Seite unsere Jacken aus- und verkehrt herum wieder anziehen sowie sie uns gegenseitig zuknöpfen. Danach den Jackensaum anheben, damit von den Mithäftlingen zwei Schaufeln Kies in das Rückenteil geschüttet werden konnten. Damit mussten wir unter dem Zaun zurückrobben. Das alles wäre trotz der Kälte, der Anstrengung, der Tritte und der offensichtlichen Sinnlosigkeit des Unterfangens nicht so schlimm gewesen, wenn nicht der Kapo des Strafkommandos, der am Zaun stand, jedem, der hindurchkroch, mit einem Schaufelstiel auf den Kopf geschlagen hätte. Wer die Hände hob, um Kopf oder Gesicht zu schützen, und dabei den Kies fallen ließ, musste zurück, neuen Kies holen und neue Schläge einstecken. Das machten wir einige Male, bis der Lagerälteste die Schikane-Übung abbrach, wohl auch, weil er sah, dass der Kies, den wir auf den Schlamm schütteten, darin versank. Aber ich greife vor.

Wir hatten Hunger, von Tag zu Tag mehr, wenn sich ein solches Gefühl überhaupt steigern lässt. Wir bekamen das Übliche: etwas Brot und eine sehr kleine Ecke Margarine, abzüglich der Rationen, die der Blockälteste für den eigenen Bedarf oder, um damit Tauschgeschäfte zu machen, abzweigte. Dazu wieder Rübenmarmelade und zuweilen eine Art Rüben- oder Wassersuppe. Sie wurde in die blechernen Henkelbecher geschöpft, die man zu diesem Zweck ausgegeben hatte und die wir alle klappernd am Gürtel trugen. Als Getränk gab es die bereits erwähnte schwarze Blätterbrühe. Unsere Gedanken drehten sich fast ausschließlich ums Essen.

Das galt besonders für Erwin Rosenblum, von allen »Růžička«, das heißt auf Tschechisch »Röschen«, genannt. Er war Junggeselle, hatte als Vertreter für Vorhangstoffe gut verdient und liebte gutes Essen. Von Zeit zu Zeit hatte er sich den Besuch teurer Restaurants geleistet. Eines Abends erzählte er uns ausführlich, wie köstlich er immer im noblen Grandhotel »Pupp« in Karlsbad gegessen hatte, dem ersten Haus am Ort, in dem schon Goethe und Richard Wagner abgestiegen waren. Er schwelgte wortreich in seinen kulinarischen Erinnerungen und beschrieb die genossenen Menüs in allen Einzelheiten. Wir folgten seinen Ausführungen mit knurrendem Magen ebenso widerstrebend wie befremdet, zumal wir nicht wussten, ob wir sie als Großspurigkeit oder als Sadismus verstehen sollten. Zumindest waren sie im Hinblick auf unseren konstanten Hunger ziemlich unsensibel. Im Nachhinein denke ich, dass das Heraufbeschwören vergangener Genüsse eine Art Überlebensstrategie für ihn war, zumal er immer davon sprach, dass er nach der Lagerhaft wieder im Grandhotel »Pupp« speisen wolle. An dieser Perspektive hielt er fest – und hat das Lager tatsächlich überlebt. Vielleicht hat er sogar wieder im »Pupp« gegessen. Denkbar wäre es, es existiert ja noch immer.

Am nächsten Morgen funktionierte endlich der Wasserhahn auf dem freien Gelände vor dem Block, wohin wir jeden Morgen zum Waschen geschickt wurden. Zwei Tage lang hatte er keinen Tropfen Wasser von sich gegeben, weil die Leitungen eingefroren waren. Am dritten Tag floss es endlich, eiskalt natürlich. Wir wuschen nur Hände und Gesicht, ausziehen mochten wir uns nicht, dazu war es zu kalt. So ging es sechs Wochen lang: Wir wuschen uns kaum und trugen immer dieselbe Kleidung, dieselbe Unterwäsche, dieselben Socken, dieselbe Hose, dieselbe Jacke. Wir liefen damit durch den Schlamm und schliefen darin. Die Wunden, die wir von den täglichen Schlägen davontrugen, bluteten, entzündeten sich oder trockneten darunter.

Das Wasser aus der Leitung vor der Baracke war kein Trinkwasser. Man warnte uns, es zu trinken. Aber da wir immer Durst hatten, tranken wir es trotzdem. Einige vertrugen es. Die meisten nicht. Sie bekamen Durchfall, von dem die Kleidung in Mitleidenschaft gezogen und mit Kot beschmutzt wurde. Waschen konnten wir sie nicht. Wir ekelten uns vor uns selber. Auch vor den anderen. Die Gerüche waren unerträglich.

Noch am selben Tag zogen wir ein weiteres Mal um. Von Block 18 in Block 19. Eigentlich spielte es keine Rolle, wohin wir umzogen, die Unterkünfte waren immer dieselben langgezogenen Pferdeställe, darin lange Reihen dreistöckiger Holzgestelle mit schmalen Pritschen und minimalem Platz für rund 400 Menschen, in der Mitte zwei Kamine, die, sofern es Holz gab, befeuert werden konnten, dann war es ein bisschen wärmer. Aber es gab kein Holz, außer, wenn wir es mit offizieller Erlaubnis im angrenzenden Birkenwald, dem das Lager seinen idyllischen Namen verdankte, einsammelten. Dabei wussten wir schon während wir es taten, dass es nicht brennen würde, weil es zu nass war: eine sinnlose Übung mehr. Über Sinnhaftigkeit jedoch durfte man ohnehin nicht nachdenken, vermied es nach Möglichkeit auch – ich jedenfalls. Wohl, weil ich es nicht wagte, Schlussfolgerungen zu ziehen. Die, die sich aufdrängten, standen im Widerspruch zu allen Wahrheiten meines bisherigen Lebens, zu allem, was ich bislang gedacht oder gehofft hatte. Vor allem, dass der Mensch gut sei. Meine Mutter war davon überzeugt und hatte uns in ihrem Sinn erzogen. Es fiel mir sehr schwer, das Wertesystem meiner Mutter infrage zu stellen. Und doch konnte ich nicht ausblenden, was ich mit eigenen Augen erlebte: was Menschen einander antun können. Eine Welt brach für mich zusammen.

Ich wusste zu diesem Zeitpunkt nicht, dass meine Mutter schon nicht mehr lebte. Sie war am Vortag, dem 2. Februar 1943, in Birkenau vergast worden. Man hatte sie gar nicht erst registriert, ihr keine Nummer gegeben. Mein Vater und meine Frau Eva erlitten das gleiche Schicksal. Das erfuhr ich nach dem Krieg. Sie mussten in einem der beiden Bauernhäuser gestorben sein, die anfänglich als Gaskammern dienten, eines weiß, das andere rot getüncht. Solange es kein Krematorium gab, wurden die Leichen in Gruben in der Nähe der beiden Häuser geworfen. Dort lagen sie auf Holz, das mit Petroleum übergossen war. Da sich darunter das Grundwasser staute, verbrannten viele Leichen gar nicht oder nur teilweise und mussten von Häftlingen heraufgeholt und auf Schubkarren wegtransportiert werden. Diese Arbeiten gehörten zu den schlimmsten, die im Lager verrichtet werden mussten. Erst als die Krematorien funktionsfähig waren, wurden die Leichen dort verbrannt.

In Block 20 wurde ein Transport mit 400 jüdischen Häftlingen aus Berlin einquartiert. Ich erinnerte mich an die Fahrt von Albert Grosser im Mai 1938 in die deutsche Hauptstadt und seine Überzeugung bei der Rückkehr nach Neutitschein: »Hitler tut etwas für die Menschen.« Ob er mittlerweile wusste, was Hitler tat?

Die Tätowierungsnummern überschritten jetzt die Hunderttausend. Insgesamt waren 1200 Häftlinge – die Bevölkerung eines Dorfes – in den drei Blocks 18, 19 und 20 untergebracht: machtlos, rechtlos, identitätslos. Existierten wir überhaupt? Wir waren uns nicht so sicher. Wir spürten nur, dass wir Hunger, Durst, Schmerzen und Angst hatten.

An diesem Morgen traten wir erstmals zum »Läuseappell« an. Wir mussten Jacken und Hemden ausziehen und mit entblößtem Oberkörper die Nähte der Hemden nach Nissen, den Eiern von Läusen, absuchen. Sie waren die Überträger des gefürchteten Fleckfiebers. Danach überprüfte ein Häftlingsarzt, ob wir sorgfältig genug gesucht hatten. Anschließend befahl uns der Blockälteste, uns in Dreierreihen aufzustellen. Es ging im Laufschritt durch den Schlamm. Besser gesagt, es ging nicht. Wir versanken immer wieder und kamen deshalb nur sehr langsam voran. Dr. Rabinowitsch, ein Arzt, der die Praxis meines Schwiegervaters übernommen hatte, als dieser sich mit 65 Jahren zur Ruhe gesetzt hatte, verlor im Schlamm die Galoschen, die er statt seiner Schuhe trug: Man hatte sie ihm in der Nacht gestohlen. Der Blockälteste erlaubte ihm nicht, stehen zu bleiben und die Galoschen aus dem Schlamm zu ziehen. Also lief er in der eisigen Kälte mit Fußlappen und, nachdem er auch die Lappen verloren hatte, schließlich mit nackten Füßen weiter.

Es dauerte nicht lange, bis das ungenießbare Wasser in großem Umfang seine Wirkung zeigte: Im Block grassierte der Durchfall. Die Latrine für zwei Personen war für 400 Blockbewohner bei Weitem nicht ausreichend, und die Häftlinge standen Schlange. Jetzt verstanden wir, welch wichtige Funktion der Scheißmeister hatte: Nur wer ihn mit einem Stück Brot bestach, hatte eine Chance, vorgelassen zu werden und noch rechtzeitig den Abort zu erreichen. Da jedoch immer mit Durchfall zu rechnen war, bedeutete dies, dass man auch immer eine für den Scheißmeister bestimmte Brotreserve für den Notfall bei sich haben musste, auch wenn man noch so hungrig war und sie verzweifelt gerne sofort gegessen hätte. Mittel gegen den Durchfall selbst gab es keine. Manche Häftlinge kratzten ein bisschen verkohltes Holz aus dem Kamin und aßen es in der Hoffnung, es würde helfen.

Eines Abends bekamen wir überraschenderweise Zusatzdecken. Sie waren warm und bunt und stammten von einem Transport holländischer Juden. Robert Alt und ich sowie auch meine Brüder schliefen zum ersten Mal unter einer eigenen Decke.

Geburtstag

Der nächste Tag war der 6. Februar 1943 – mein Geburtstag. Ich wurde dreiundzwanzig. Die Brüder gratulierten mir, eine Reihe von Mithäftlingen schloss sich an. Was konnte man jemandem für sein neues Lebensjahr unter diesen Umständen wünschen? Den nächsten Geburtstag würde ich ganz bestimmt in Freiheit verbringen, versicherte man mir. Ich war gerührt und traurig, hoffnungsvoll und pessimistisch zugleich und unterdrückte mit Mühe meine Tränen. Meinen letzten Geburtstag hatte ich zu Hause gefeiert, meine Mutter hatte es trotz der allgemeinen Lebensmittelknappheit geschafft, einen Guglhupf zu backen, so wie sie ihn, seit ich denken kann, immer zu unseren Geburtstagen gebacken hatte. Die Familie war guter Dinge gewesen.

Aber es blieb mir nicht viel Zeit für Erinnerungen. Sie verging mit Läuseappell, Kiesholen, Kommandogeschrei und Schlägen. Gegen Mittag drang aus dem Nachbarblock ungewöhnlich lautes Gebrüll und Getöse. Es dauerte nicht lange, bis wir den Grund erfuhren. Die Insassen, denen sich die Bewohner der anderen beiden Blocks anschließen mussten, wurden mit Schlägen zu einem außerplanmäßigen Appell getrieben.

»Sabotage!«, brüllte der Blockälteste.

»Einer für alle, alle für einen!«, brüllte der Lagerälteste, ein Asozialer mit schwarzem Winkel, während die Funktionshäftlinge fuchtelnd, stoßend, schlagend und kommandierend an den Reihen der Blockinsassen entlangliefen – wie es ihnen gerade in den Sinn kam. Was war geschehen?

Ein Häftling hatte aus einer farbigen Decke ein Stück herausgeschnitten und es als Fußlappen benutzt. Das war alles. Es genügte, um ihn dafür so heftig zusammenzuschlagen, dass er bewegungslos vor dem Block liegenblieb. Er überlebte die Schläge nicht. Nicht genug damit, wurden auch wir bestraft: »Alle für einen!« Zunächst drohte uns der Lagerälteste mit schrecklichen Strafen, falls etwas Ähnliches noch einmal geschehen sollte. Wie schlimm sie ausfallen konnten, hatten wir gerade gesehen. Danach mussten wir in der Kälte Leibesübungen machen.

»Kniebeuge!«

»Aufstehen!«

»Kniebeuge!«

»Aufstehen!«

»Liegestütze!«

»Aufstehen!«

»Liegestütze!«

»Aufstehen!«

Nach einer Stunde fielen die Ersten um. Niemand kümmerte sich um sie. Im Gegenteil, die Stubendienste prügelten auch noch auf sie ein. Sie lagen im Schlamm, rührten sich nicht mehr, froren, erfroren. So ging es ganze sieben Stunden lang. Am Abend hatten sich die Reihen gelichtet. Wer nicht umgefallen und erfroren war, war diesem Schicksal bedenklich nahe. Die Toten und Verletzten wurden von ihrem Platz auf die Seite geschleift und vor den Block gelegt. Von den Funktionshäftlingen nicht weiter beachtet, blieben sie dort liegen. Der Blockälteste notierte sich lediglich ihre Nummern. Beim Abendappell wurden sie, wie üblich, mitgezählt, die Zahl musste ja stimmen. Ob sie noch lebten oder schon tot waren, spielte keine Rolle. Entlaufen, immerhin, waren sie nicht. Es war der schlimmste Geburtstag meines Lebens.

Etwas Grundlegendes änderte sich in diesen ersten Wochen. Waren bei ihrer Einlieferung ins Lager die meisten mehr oder minder gesund und der hoffnungsvollen Überzeugung, ihre Arbeitskraft würde sie retten, so sorgten die mangelhafte Ernährung, die Kälte und die viel zu dünne Bekleidung sowie die

Tatsache, dass sie wegen der beengten Unterbringung jeder Art von Ansteckung ausgesetzt waren, dafür, dass immer mehr Häftlinge erkrankten. Viele hatten Fieber. Die Ursachen mochten unterschiedlich sein. Gemeinsam war ihnen, dass sie die Häftlinge zusätzlich schwächten und niemandem an ihrer Genesung gelegen war.

Nicht allen Betroffenen war das von Anfang an klar. Wenn die Blockältesten routinemäßig fragten, wer zum Arzt müsse, meldeten sich, in der Annahme, sie würden dort versorgt werden, zunächst viele. Das änderte sich, als die Häftlinge feststellten, dass die Kranken vom Arztbesuch nicht mehr in den Block zurückkehrten. Von da an bemühten sich selbst die Schwerkranken, so lange wie möglich gesund zu erscheinen, wenn auch ohne nennenswerten Erfolg.

Auch Dr. Leo Beck, ein Arzt aus Ungarisch Brod, hatte trotz hohen Fiebers diesen Anschein bis zu dem Tag aufrechterhalten, an dem er nicht mehr aus eigener Kraft von seiner Pritsche aufstehen konnte. Zum Appell halfen wir ihm auf die Beine, schleppten ihn ins Freie vor dem Block und stützten ihn. Er fiel dem Blockältesten nicht auf. Danach brachten wir ihn zu seiner Pritsche zurück, wo er sich unter seiner Decke versteckte. Es war klar, dass dieses Manöver nicht lange gutgehen konnte. Schon am nächsten Tag lag Dr. Beck im Sterben, ein Zustand, der einigen Mithäftlingen nicht verborgen blieb. Ebenso wenig wie die Tatsache, dass er gute Schuhe trug – was im Lager über Leben und Tod entscheiden konnte. Polnische Häftlinge zogen sie dem Sterbenden von den Füßen. Dabei stießen sie einander und prügelten sich beinahe. Ob er davon noch etwas mitbekam, konnte ich nicht beurteilen, aber ich war betroffen und schämte mich für die Pietätlosigkeit der anderen. Wenig später wurde Dr. Beck vor den Block gelegt und zusammen mit den übrigen Leichen, die zwei Mal am Tag auf einen länglichen, zweirädrigen Wagen aufgeladen und weggefahren wurden, abtransportiert. Dies geschah nicht etwa in der Nacht – gewissermaßen aus Rücksicht auf die Überlebenden. Es gab keine Rücksicht im Lager.

So verging Tag um Tag. Täglich gab es neue Tote, immer mehr Pritschen blieben leer. Ein weiterer Transport mit holländischen Juden füllte sie wieder auf, allerdings nicht für lange. Die Holländer waren keine Arbeiter oder Handwerker, sondern eher bürgerlicher Herkunft und deshalb wenig abgehärtet und körperlich untrainiert. Im Lager verloren sie rapide an Gewicht und starben wie die Fliegen. Am widerstandsfähigsten waren die polnischen Juden, die meisten von ihnen Arbeiter und Handwerker. Sie waren körperliche Strapazen gewohnt, ein großer Vorteil im Hinblick auf das Überleben im Lager.

Das bedeutete natürlich nicht, dass nicht auch sie Hunger litten. Einer von ihnen drang auf der Suche nach etwas Essbarem eines Nachts in den Raum des Blockältesten ein. Zwei Würfel Margarine waren seine Beute. Der Blockälteste erwischte ihn jedoch:»Kameradschaftsdiebstahl!«, hörten wir ihn brüllen, während er mit einem Stock auf das Opfer einprügelte. Kameradschaftsdiebstahl? Das war genau das, was er selbst tagtäglich beging. Sein Gebrüll und die Schreie des Opfers weckten die Schlafenden im gesamten Block. Unter der Drohung »Wir sprechen uns noch!« schlich der Geprügelte zitternd zurück zu seiner Pritsche.

Nach dem Appell am nächsten Morgen machte der Blockälteste die Ankündigung wahr. Der Dieb musste sich außerhalb des Blocks in der Nähe einer drei Meter tiefen Schlammgrube aufstellen. Die Strafmaßnahme selbst wurde an einen polnischen Kapo aus dem Nachbarblock delegiert, der riesengroß, sehr stark und berüchtigt für seine harten Fäuste war. Um einen besonderen Lärmeffekt zu erzielen, prügelte er immer in Lederhandschuhen. So auch diesmal. Mit seinen Schlägen trieb er den Delinquenten an den Rand der Grube. Noch ein Schlag – und der stürzte hinein. Wir mussten die Strafaktion mitansehen, helfen durften wir ihm nicht. Wir fragten uns, ob er im Schlamm ersticken würde. Aber er hatte Glück im Unglück: Nach einer Stunde kletterte er, von oben bis unten schlammverschmiert, aus der Grube heraus.

Der Hunger im Lager war schlimm, aber der Durst war schlimmer. Auch die Schläge waren schlimm, sie schmerzten und verwundeten uns, aber wenn man ununterbrochen geschlagen wird, gewöhnt man sich daran: Man stumpft ab. Schlimmer als alles war die Angst vor den Selektionen, die einmal wöchentlich über Leben und Tod entschieden. Dabei musste man sich mit entblößtem Oberkörper vor einem SS-Arzt aufstellen und die Zunge zeigen. War sie belegt, deutete dies auf Krankheit hin, und man wurde selektiert.

Vier Wochen hatten meine Brüder und ich die gefährliche Prozedur unbeschadet überstanden und keine Anzeichen von Fleckfieber oder anderen Krankheiten gezeigt. Am 4. März jedoch wurde Ernst plötzlich krank. Er hatte von dem ungenießbaren Wasser getrunken, wie fast alle. Anders als Edi und ich hatte er davon Durchfall bekommen. Wenig später kamen Schüttelfrost, hohes Fieber, schließlich eine Lungenentzündung dazu. Er hätte auf seiner Pritsche bleiben und ärztlich versorgt werden müssen. Aber die einzige ärztliche Versorgung im Quarantänelager war – in zynischer Verkehrung ärztlicher Hilfe in ihr Gegenteil – die Selektion.

Als das Kommando erging, gelang es mir, mich in der ersten Reihe aufzustellen, während sich Ernst in die letzte Reihe stellte. Ich wollte versuchen, den Platz mit meinem Bruder zu tauschen, sobald der SS-Arzt mich abgefertigt hätte, sodass Ernst um die Untersuchung herumkäme. Und so geschah es auch. Als der SS-Arzt die Häftlinge in der ersten Reihe begutachtet und sich ein gutes Stück von mir entfernt hatte, zog ich meinen Bruder blitzschnell an meinen Platz, während ich selbst, nunmehr in der letzten Reihe, ein weiteres Mal begutachtet wurde. Mein Herz klopfte zum Zerspringen, als der Arzt zum zweiten Mal innerhalb weniger Minuten an mir vorbeiging und sich meine Zunge zeigen ließ. Was, wenn er mein Gesicht erkannte? Ernst und ich wären beide selektiert worden. Aber er ging vorbei, erkannte mich nicht. Das Manöver war gelungen, Ernst fürs Erste gerettet.

Wir hatten ein wenig Zeit vor der nächsten Selektion gewonnen. Aber sie reichte nicht für Ernsts Gesundung. Sein Fieber stieg eher, als dass es sank. Seine Augen glänzten, sein Kopf glühte, sein Mund war trocken. Er hatte furchtbaren Durst und verlangte mit schwacher Stimme immer wieder nach Wasser. Wir gaben ihm von dem nicht trinkbaren Wasser aus der Leitung, etwas anderes hatten wir nicht, und stellten zwei weitere Becher voll davon für die Nacht an das Kopfende seiner Pritsche. Wir baten den Nachbarn zur Linken, es keinesfalls anzurühren, da wir wegen des Verbots, den Block während der Nacht zu verlassen, bis zum Morgen keinen Nachschub besorgen konnten. Der Nachbar versprach es, aber er trank es trotzdem.

Die nächste gefährliche Hürde war der Appell am Morgen danach. Ernst fror erbärmlich, es fiel ihm schwer aufzustehen. Die Jacke, die man ihm bei der Einlieferung gegeben hatte, war viel zu dünn und kein Schutz vor der winterlichen Kälte. Ein Mithäftling, Josef Brammer, genannt Pepa, Schneider aus Ungarisch Brod, mit dem wir seit unserer Übersiedlung dorthin im Jahre 1939 befreundet waren, machte den nächtlichen Wasserdiebstahl des Pritschennachbarn mit einer großzügigen Geste wieder wett. Er, der bei der Einkleidung im Lager zufälligerweise eine wattierte Jacke erwischt hatte, zog seine warme Jacke aus und tauschte sie gegen die dünne meines Bruders aus.

Wir waren zutiefst gerührt und dankten Pepa unter Tränen. Sosehr wir die Unmenschlichkeit, der wir ausgesetzt waren, zu verdrängen suchten, indem wir sie so stoisch wie möglich hinnahmen, sosehr berührte uns diese unerwartete Geste der Menschlichkeit.

»Ist doch selbstverständlich«, wehrte Pepa ab.

Das war es wirklich nicht. Nur wenige hätten das in seiner Situation getan. Edi vielleicht. Aber ich? Hätte ich mich für einen Freund von meiner Jacke getrennt, um danach nur noch mehr zu frieren, mit allen Konsequenzen, die eine Krankheit durch Verkühlung nach sich ziehen konnte?

Pepa hat das Lager überlebt. Nach dem Krieg erzählte er Edi

und mir bei einem Besuch, dass er im Stammlager eine Weile im Kommando »Kanada« gearbeitet habe, in dem die Zivilkleider der Häftlinge sortiert wurden. In einem Kleiderhaufen, der üblicherweise Kleidungsstücke von unauffälliger Farbe enthielt, hatte er eines Tages den leuchtend roten Mantel entdeckt, den er einst für seine Mutter geschneidert hatte. Sie hatte ihn bis zu ihrer Ankunft im Lager getragen.

Er hat ihn wohl auf den Haufen der »guten« Kleidung gelegt, die als »Geschenk des Führers« an Bedürftige im Deutschen Reich verteilt wurde, der Rest wurde entsorgt. Auch gut erhaltene Babykleidung wurde an bedürftige Mütter, die gerade niedergekommen waren, als »Geschenk des Führers« weitergereicht. Dass die Geschenke aus Auschwitz kamen – und wem sie gehört hatten –, erfuhren die Beschenkten natürlich nicht.

Beim nächsten Morgenappell war Ernst nicht mehr in der Lage aufzustehen. Edi und ich halfen ihm und nahmen ihn in unsere Mitte. Wir stützten ihn beim Gehen und erklärten ihm, dass er, um nicht aufzufallen, nur für ein paar Sekunden strammstehen müsse, wenn der SS-Blockführer gemeinsam mit dem Blockältesten die Fünferreihen beim Zählappell abschritt. Als sich die beiden näherten, ließen wir Ernst los, standen stramm, alle drei. Es funktionierte, Ernst war gerettet. Vorläufig. Wir brachten ihn zu seiner Pritsche zurück. Blass, heiß und zähneklappernd kroch er zurück unter seine Decke.

Am Vormittag des 7. März wurden Edi und ich ausgesucht, einen Stapel Decken aus dem Lager Birkenau – nicht zu verwechseln mit dem gleichnamigen Quarantänelager – zu holen. Wir wollten unseren Bruder nicht alleinlassen, aber wir hatten keine Wahl. Eilig betteten wir Ernst auf eine der unteren Pritschen, deckten ihn zu, sodass man ihn nicht sehen konnte, und flehten ihn an, sich unter keinen Umständen zu rühren, bis wir wiederkämen. In einer Dreiviertelstunde, so hatten wir uns ausgerechnet, würden wir zurück sein.

Wider Erwarten verzögerte sich jedoch die Deckenausgabe.

Wir mussten etwa eineinhalb Stunden warten, standen wie auf glühenden Kohlen. Erst nach zwei Stunden kehrten wir in den Block zurück. Schon von Weitem sah ich, dass etwa zwanzig Häftlinge an der Außenwand unseres Nachbarblocks standen. Sekunden später erkannte ich unter ihnen meinen Bruder Ernst. Man hatte ihn gefunden. Aber das war es nicht allein. Es handelte sich nicht um eine Strafmaßnahme, weil er sich unter der Decke versteckt hatte, das begriff ich sofort. Es war schlimmer. Es war das Schlimmste: eine Selektion. Der SS-Arzt, der sie vorgenommen hatte, war zu dem Zeitpunkt, als wir eintrafen, schon nicht mehr da. Er war wohl schon mit der nächsten Selektion beschäftigt.

Der Blockschreiber, ein slowakischer Jude namens Wertheimer, war noch im Begriff, Notizen auf die Karteikarten der Häftlinge zu machen. Es gehörte zu seinen Aufgaben, die Kartei mit den Zu- und Abgängen der Häftlinge zu führen und dem Blockältesten vor dem Appell den Bestand mitzuteilen, damit dieser die SS informieren konnte. Er pflegte vor ihm strammzustehen und meldete dann:

»391 Häftlinge!«

Oder so ähnlich. Wie wir später erfuhren, wurden die Karten der Selektierten auf dem »Standesamt II« der Registratur im Lager Birkenau eingetragen.

Ich sah Ernst, wie er dastand, zitternd und vollkommen in sich zusammengesunken. Panisch jagten alle möglichen Gedanken durch meinen Kopf. Vor allem, dass ich eingreifen und abwenden müsste, was hier geschah. Dass ich meinen Bruder retten müsste. Aber wie? Was konnte ich tun? Schließlich ging ich auf den Blockschreiber zu und bat ihn flüsternd, die Karte meines Bruders verschwinden zu lassen. Er sah mich an und sagte laut, sodass alle es hören konnten: »Glaubst du, ich gehe für ihn ins Gas?«

Seine Antwort bestätigte unsere schlimmsten Befürchtungen: Jetzt wussten wir, was mit Ernst geschehen würde. Es gab mir einen Stich ins Herz, ihn so hilflos dastehen zu sehen. Wie gern

Ernst

hätte ich ihn umarmt! Wir durften aber nicht zu ihm hingehen, sondern mussten in einer Entfernung von etwa zehn Metern vor ihm stehen bleiben. Wir konnten nichts tun, als ihn ansehen. Auch er sah uns an, tieftraurig. Schließlich machte er eine kleine Bewegung mit der rechten Hand, winkte uns zaghaft zu. Wir winkten scheu zurück. Die Tränen schossen mir in die Augen, aber ich wollte nicht weinen, nicht, solange Ernst es sehen konnte. Dann wurden die Häftlinge weggeführt. Wir wussten, dass Ernst in den Tod ging. Ein heißer, lähmender Schmerz durchfuhr mich, ich spürte ihn in jeder Faser meines Körpers. Ich blickte meinem Bruder nach und weinte bitterlich.

Es folgte eine Phase tiefer Niedergeschlagenheit. In die Trauer um Ernst mischte sich die Verzweiflung über die Ungeheuerlichkeit dessen, was geschehen war und immer weiter geschah. Sie war nur vergleichbar mit der, die ich an der Rampe verspürt hatte, als ich einen Teil meiner Familie verlor. Damals waren meine Gefühle unbestimmter gewesen als diesmal, die Angst war noch mit Hoffnung einhergegangen, da ich ja nicht wusste, was passieren würde. Diesmal wusste ich es. Allerdings hätte ich nicht zu sagen vermocht, was schlimmer war: die Angst oder die Gewissheit. Zugleich fragte ich mich, wie Gott es zulassen konnte, dass unschuldige Menschen in den Tod geschickt wurden. Noch dazu wegen ihrer Religion. Welche sophistische Rechtfertigung konnte es dafür geben? Ich fragte mich auch, ob es überhaupt einen Gott gab. Ich war mir dessen ganz und gar nicht mehr sicher.

Das Wetter tat ein Übriges. Es blieb kalt und trüb, die Sonne zeigte sich nur spärlich. Dafür gab es von Tag zu Tag mehr Tote. Es war schwer, wenn nicht unmöglich, unter diesen Umständen optimistisch zu sein. Es gelang einzig meinem Bruder Edi: »Du wirst schon sehen«, sagte er immer wieder, »der liebe Gott wird uns überleben lassen.« Ich zweifelte daran, aber ich widersprach ihm nicht. Zuweilen war es mir sogar gleichgültig.

Einmal sahen wir, wie sich auf der Lagerstraße ein riesiger Strom von Menschen, begleitet von SS-Wachen, den Blocks näherte. Anders als sonst bestand die Menge nicht nur aus Männern, sondern auch aus Frauen und Kindern, die offensichtlich alle ihre eigene Kleidung trugen und Romanes, die Zigeunersprache, sprachen. Es war ein Transport von Roma aus dem Protektorat Böhmen und Mähren ins Quarantänelager Birkenau, das später als Zigeunerlager bezeichnet wurde. Im Unterschied zu unserem Transport kamen die Roma unselektiert mit Frauen und Kindern und dem gesamten Gepäck ins Lager. Sie wurden in der Nähe unseres Blocks untergebracht.

Weil ich erfahren hatte, dass die Zigeuner aus der Gegend von Ungarisch Brod stammten, suchte ich am nächsten Tag ihren Block auf, der direkt gegenüber unserem lag. In dem allgemeinen Chaos und Geschrei traf ich auf einen früheren Arbeitskollegen, mit dem ich in Ungarisch Brod im Sägewerk gearbeitet und der seinerzeit behauptet hatte, dass wir Juden alle nach Auschwitz deportiert würden.

»Dann sehen wir uns ja dort vielleicht wieder«, war meine

Antwort gewesen. Ich hatte unser Gespräch nicht vergessen. Nun standen wir voreinander im Lager, genau so, wie wir es vorausgesagt hatten. Dabei empfanden wir durchaus keine Genugtuung darüber, dass wir beide recht behalten hatten. Da die Neuzugänge immer mit Proviant ankamen, fragte ich ihn nach einem Stück Brot. Ich war nicht nur konstant hungrig, sondern hatte während der Zeit der Quarantäne eine regelrechte Hungerpsychose entwickelt. Der Mann forderte mich auf, in seine Manteltasche zu greifen, und tatsächlich förderte ich ein paar mit Schmutz und Flusen durchsetzte Brotbrösel zutage. Heißhungrig stopfte ich sie mir in den Mund, so wie ich bei anderer Gelegenheit auch die Kartoffelschalen der wenigen Mithäftlinge verschlang, die es sich nicht nehmen ließen, ihre Kartoffeln zu schälen. Früher war ich beim Essen sehr wählerisch gewesen und hatte auch stets darauf bestanden, Wasser aus einem Glas und nicht aus einer Tasse zu trinken. Inzwischen waren Ästhetik und Manieren – ich dachte an den Pritschennachbarn, der meinem kranken Bruder Ernst das Wasser weggetrunken hatte – zu Begriffen aus einer anderen Welt geworden. Woran konnte man sich noch halten? Meine gedrückte Stimmung besserte sich erst, als Edi und ich ins Stammlager Auschwitz überstellt wurden.

Der letzte Morgen im Quarantänelager Birkenau war ein Morgen wie jeder andere. Wir waren von den Pritschen zu den Wasserhähnen gelaufen, hatten uns flüchtig gewaschen und die Brühe, die Tee genannt wurde, heruntergespült. Man trieb uns zum Morgenappell, danach gab es eine erneute Selektion. Es war das letzte Mal, dass wir in Birkenau selektiert wurden. Einige wurden aus den Reihen aussortiert und blieben zurück, die Arbeitsfähigen mussten sich zum Kommando* aufstellen. Der einzige Unterschied zum üblichen Ablauf war, dass SS-Leute neben uns Aufstellung nahmen und in großer Zahl

---

* Ein Kommando ist ein Befehl, aber auch, wie hier, eine Bezeichnung für eine Häftlingseinheit.

das Kommando flankierten. Im Abstand von etwa fünfzehn Metern bezog jeweils einer Stellung und das auf beiden Seiten der Kommandotruppe. Wir fragten uns, was das zu bedeuten hatte. Informationen bekamen wir von unseren Bewachern wie üblich nicht. Stattdessen Befehle im Brüllton, laut, scharf, schneidend, wie immer:

»Stillgestanden!«

»Augen rechts!«

»Sauhaufen!«

»Idioten!«

»Los!«

»Marsch!«

Wir marschierten etwa 30 Meter über das Gelände auf das Tor des Quarantänelagers zu, Edi neben mir. Liefen durch das Tor hindurch. Nun befanden wir uns zwar nicht mehr im Quarantänelager, aber noch immer, schwer bewacht, im 40 Quadratkilometer großen Sperrgebiet, das zum Lagerareal von Auschwitz-Birkenau gehörte. Weiter ging es auf einer sandigen Straße durch eine flache Landschaft mit winterlich brachliegenden Feldern. Häuser gab es nur wenige. Die meisten waren von den Nazis bei der Errichtung des Lagers abgerissen, die Bewohner evakuiert worden, um das Sperrgebiet von der Außenwelt abzuschneiden und leichter kontrollieren zu können. Nach drei Kilometern und einer Stunde Fußmarsch erreichten wir das Stammlager Auschwitz. »Arbeit macht frei« stand in riesigen schwarzen Eisenlettern über dem Eingangstor.

Hier, so hatte es in Birkenau geheißen, würden wir nicht nur herumstehen müssen, sondern arbeiten. Wir würden gebraucht und hätten womöglich die Chance, dank unserer Arbeitskraft zu überleben. Unsere Stimmung hob sich. Nicht nur gab es erstmals seit sechs Wochen eine Veränderung im tödlichen Einerlei des Lageralltags, zum ersten Mal schöpften wir auch so etwas wie eine leise Hoffnung.

Vielleicht sollte ich zum besseren Verständnis der Lagerstruktur an dieser Stelle einfügen, was ich selbst erst nach und nach erkannte und erfuhr: Das Konzentrationslager Auschwitz wurde im Jahre 1940 unter Leitung seines späteren Ersten Kommandanten, des SS-Obersturmbannführers Rudolf Höß errichtet und am 20. Mai mit dem – später so bezeichneten – Stammlager Auschwitz I in Betrieb genommen. Es fungierte als Zentrale und wurde am 26. November 1941 um das Lager Auschwitz II erweitert, das seinerseits aus dem Lager Birkenau sowie dem gleichnamigen Quarantänelager bestand. Im Mai 1942 kam das benachbarte Dorf Monowitz als Auschwitz III hinzu, das ausschließlich als Arbeitslager für das Buna-Werk des IG-Farben-Konzerns diente. Darüber hinaus waren dem Lager Auschwitz 45 weitere Außenlager in der näheren und weiteren Umgebung zugeordnet.

Angeblich war das Lager Birkenau ursprünglich für 100 000 sowjetische Kriegsgefangene geplant worden. An den ersten Gefangenen wurden »Probevergasungen« durchgeführt, um die Wirkung von Zyklon B, einem Schädlingsbekämpfungsmittel in Kristallform auf der Basis von Blausäure, das in Verbindung mit Sauerstoff Gas entwickelt, auf Menschen zu testen. Es wurde von dem Unternehmen Degesch (Deutsche Schädlingsbekämpfungsgesellschaft) im Besitz der IG-Farben und Degussa in Dessau produziert und später systematisch in den Gaskammern eingesetzt. Von außen über Deckenöffnungen in die »Duschräume« geschüttet, entwickelte sich darin das Gas, an dem die Menschen innerhalb von zehn bis 15 Minuten erstickten.

Tatsächlich wurde das Lager Auschwitz-Birkenau jedoch als Konzentrationslager genutzt. Die Häftlinge waren vorwiegend Juden, aber auch Sinti und Roma, die vor allem aus Polen, Deutschland, Österreich, Holland, Belgien, Luxemburg, Jugoslawien, Griechenland, Italien, Ungarn und der Tschechoslowakei dorthin deportiert worden waren. Um Fluchtversuche zu erschweren und die Kollaboration mit der polnischen Bevölkerung zu verhindern, vertrieb man diese im Umkreis von fünf

Kilometern aus ihren Häusern. Für die Vernichtungen wurden die beiden bereits erwähnten Bauernhäuser auf dem Gelände des Lagers Birkenau entsprechend ausgerüstet und die Türen und Fenster abgedichtet. Daneben lagen jeweils zwei Pferdeställe, in denen sich die Opfer entkleiden mussten. Auf dem Weg zum Holzsammeln kam ich eines Tages an einem der Häuser vorbei. Von dem, was darin vor sich ging, hatte ich allerdings keine Ahnung. Die im Juni 1943 in Birkenau fertiggestellten vier Gaskammern und vier Krematorien, deren Bau wir während unserer Quarantäne erlebten, übertrafen die bisherigen Einrichtungen im Hinblick auf Kapazität und Effizienz bei Weitem: Von nun an konnten innerhalb von 24 Stunden mehrere Tausend Menschen vergast werden.

Zum Areal von Auschwitz I gehörten ursprünglich 22 Gebäude, die nach und nach auf 38 erweitert wurden. Sie dienten zum größten Teil der Häftlingsunterbringung und zu einem kleineren Teil der Verwaltung, wurden aber auch als Küchen oder als Krankenstationen, die man Häftlingskrankenbau (HKB) nannte, genutzt. Bis zur Befreiung des Lagers durch die Sowjetarmee am 27. Januar 1945 starben dort rund 1,5 Millionen Menschen, darunter etwa 1,3 Millionen Juden, die Mehrzahl sofort nach der Ankunft. Die meisten kamen durch Vergasen ums Leben, andere durch Erschießen, tödliche Injektionen, Krankheiten, Unterernährung, Misshandlungen oder medizinische Experimente. Vor dem Einmarsch der Sowjets wurden die überlebenden Häftlinge aus dem Lager getrieben und teilweise auf die berüchtigten »Todesmärsche« in Richtung Westen geschickt, auf denen viele von ihnen umkamen. Ein anderer Teil wurde in offenen Güterwaggons, in denen bei den winterlichen Temperaturen viele erfroren, ebenfalls nach Westen abtransportiert. Die Nazis wollten zum einen verhindern, dass sie zu guter Letzt von den Alliierten gerettet würden, zum anderen wollten sie ihre Spuren verwischen. Im Lager selbst trafen die sowjetischen Truppen auf etwa 5000 Häftlinge, die als marschunfähig zurückgelassen worden waren.

»Mützen ab! Augen links!«

Ich sah SS-Wachen, die links neben dem Lagertor standen und uns zählten, während wir an ihnen vorbeimarschierten, vor uns Dutzende von länglichen, unverputzten Ziegelbauten, die als Blocks dienten und, anders als in Birkenau, keine Pferdeställe, sondern solide Gebäude mit Zementböden waren. Die Straßen dazwischen waren ordentlich gewalzt. Alles war sehr sauber. Auch das mag zu meiner optimistischen Stimmung beigetragen haben.

Wir wurden in einen Duschraum in Block 1 geführt. Nackte Wände, Betonböden mit Lattenrosten, Duschen. Noch verbanden wir mit diesen Installationen keine anderen Assoziationen als die Erinnerung an das, was wir aus Birkenau kannten. Wir hatten die eiskalten Güsse vom Tag nach unserer Ankunft in lebhafter Erinnerung und betraten die Duschbaracke mit gemischten Gefühlen. Umso erstaunter waren wir, als uns darin feuchte Wärme entgegenschlug. Wir trauten unseren Augen nicht, aber es gab tatsächlich warmes Wasser. Auch Handtücher. Sogar Seife, von der »Reichsstelle für industrielle Fettversorgung« ausgegeben. RIF stand darauf, was im Lagerjargon bald so viel bedeutete wie »Reines Jüdisches Fett«.

Zuvor hatten wir uns unserer verdreckten Zivilkleidung entledigt und sie, mit Ausnahme unserer Gürtel und Schuhe, auf einen Haufen geworfen, erleichtert, sie endlich los zu sein. Dass wir sie gegen graublaue Sträflingskleidung eintauschen mussten, störte uns nicht. Sie war zwar hässlich, aber sauber. Als demütigend empfanden wir sie nicht. Auch Demütigung ist relativ – wir hatten in den vergangenen Wochen weit schlimmere Demütigungen erlebt. Wir erhielten auch frische Wäsche, Socken, einen gestreiften Mantel und eine gestreifte Mütze, alles aus Zellstoff. Die Kleidung war im Winter etwas dicker als im Sommer, allerdings schützte sie, anders als Wolle und Baumwolle, weder vor Kälte noch vor Hitze. Darüber hinaus bekamen wir Schuhe, sofern wir kein ordentliches Paar mehr hatten. Und Befehle, wie üblich in äußerster Lautstärke, sowie Stockschläge, die die Machtverhältnisse zwischen den normalen und den Aufsichtshäftlingen gleich zu Beginn klarstellten.

Nach der Dusche nahm ein Häftling, der für den Arbeitseinsatz zuständig war, unsere Namen und Nummern sowie unsere Berufe zu Protokoll. Letztere waren die Grundlage für die Einteilung in die Arbeitskommandos. Edi kam als Schuhmacher in Block 14 a, wo das Kommando »Bekleidungswerkstätten« mit den Schneidern, Schustern, Tapezierern und so weiter untergebracht war. Ich selbst wurde als Straßenbauarbeiter dem Kommando der Kanalisationsarbeiter in Block 17 zugeteilt: Es hieß »Kommando Huta« – wie die Betonbaufirma aus Essen, bei der wir unseren Arbeitseinsatz zu leisten hatten. Dabei wurden die Häftlinge an die Unternehmen »vermietet«. Den Lohn kassierte die SS: Für Facharbeiter gab es mehr, für ungelernte Arbeiter weniger.

Die hierarchische Struktur im Stammlager war dieselbe wie im Quarantänelager. Es gab Funktionshäftlinge und in jedem Block einen Blockältesten, auch er ein Häftling, sowie Stubendienste und für jedes Kommando einen Kapo mit grünem Winkel, einen der aus dem Konzentrationslager Sachsenhausen nach Auschwitz überstellten kriminellen Häftlinge, sowie Hilfskapos. Wie in Birkenau agierten die Kapos als verlängerter Arm der SS, eine Aufgabe, der sie nachkamen, wie es ihrem Naturell entsprach: mit äußerster Brutalität. Das System – psychologisch perfide ausgeklügelt – funktionierte so, dass die SS-Leute selbst eigentlich gar nicht viel machen mussten. Sie gaben im Wesentlichen nur Anweisungen. Die Ausführung oblag den Kapos und den – meist nichtjüdischen – Funktionshäftlingen. Die Begleitung in die Gaskammern dagegen war Aufgabe ausschließlich der jüdischen Häftlinge, die die Sprache der Opfer beherrschten. Sie gehörten dem sogenannten Sonderkommando an, das in Birkenau isoliert von den anderen Häftlingen untergebracht war, damit diese keine Details von den Vergasungen erfuhren. Da ihre Begleiter ihre Sprache sprachen, vertrauten ihnen die Opfer bis zum Schluss. Auf diese Weise konnten die Vergasungen durchgeführt werden, ohne dass größeres Aufsehen im übrigen Lager erregt wurde. Wie ich später erfuhr, wurden die Angehörigen des Sonderkommandos in der Regel nach drei Monaten als Geheimnisträger umgebracht und durch andere ersetzt.

Die Umstellung fiel mir nicht schwer. Zwar fehlten mir meine Brüder und auch Robert Alt, mit dem ich mich so gut verstanden hatte. Andererseits konnte ich Edi jederzeit am Abend sehen, da er nur drei Blocks entfernt von mir untergebracht war. Auch schliefen wir nicht mehr in Bettgestellen für 18 Personen, sondern auf dreistöckigen Einzelpritschen, von denen jeweils zwei nebeneinandergeschoben waren. Man konnte an den Seiten hochklettern und brauchte nicht mehr über die Nachbarn hinüberzusteigen, wenn man seinen Schlafplatz erreichen beziehungsweise verlassen wollte.

Am folgenden Morgen wurden wir gegen fünf Uhr dreißig mit einem schrillen, langgezogenen Alarmton geweckt. Natürlich wussten wir nie genau, wie spät es war, wir hatten unsere Uhren ja schon bei der Ankunft in Birkenau abgeben müssen. Im Winter wurden wir später geweckt und arbeiteten am Abend kürzer als im Sommer, die Häftlinge konnten in der Dunkelheit ja nicht überwacht werden. Das spielte deshalb eine Rolle, weil der Arbeitseinsatz ja nicht nur außerhalb des Stammlagers, sondern außerhalb des Sperrgebiets auf Arbeitsplätzen geleistet wurde, an denen kein elektrisch geladener Zaun eine Flucht verhindert hätte. Dennoch blieb die Flucht auch weiterhin hochriskant. Zum einen, weil die Bewachung der Arbeitskommandos ungleich schärfer war als die Bewachung im Quarantänelager. Zum anderen, weil jeder Flüchtling auf die Hilfe der polnischen Zivilbevölkerung angewiesen war. Darauf aber konnte man sich nicht verlassen, umso weniger, als die Nazis ein Kopfgeld von hundert Reichsmark für jeden Juden ausgesetzt hatten. Wer floh, hatte daher kaum eine Chance. Die später veröffentlichten Statistiken haben dies bestätigt. Ich selbst hätte allerdings auch niemals den Mut gehabt zu flüchten. Am Stacheldrahtzaun in

Birkenau hatte ich sterben wollen. Jetzt wollte ich um jeden Preis überleben. Mein kleiner Bruder Edgar hat nie etwas anderes gewollt. Seine Kraft und sein Optimismus trugen mich weiterhin, auch dann, wenn ich selbst zwischendurch nicht mehr viel davon aufbringen konnte. An diesem Abend lag Edi im Block erstmals nicht neben mir. Vor dem Einschlafen betete ich, wie immer mit einer Hand den Kopf bedeckend, wie es dem jüdischen Ritual entspricht. Es heißt, das schaffe die nötige Distanz zwischen den Menschen und Gott. Ich betete aus Gewohnheit, aber auch, weil es mir ein Bedürfnis war – obwohl ich im Begriff war, meinen Glauben an Gott zu verlieren, und das auch sehr wohl wusste. Ich wagte es nur nicht, Gott konsequent abzuschwören. Dachte, dass ich mir dies nicht leisten könne, schon gar nicht im Lager. Also behielt ich das Beten bei.

Nach dem Weckalarm wuschen wir uns an eisernen Waschtrögen innerhalb des Blocks, wo es natürlich viel wärmer war als zuvor im Freien und die Prozedur einer Säuberung erheblich näherkam. Auch wenn das »Frühstück« wie bisher nur aus der gewohnten Blätterbrühe bestand, erwiesen sich die übrigen Mahlzeiten im Stammlager als etwas umfangreicher als bisher, weil sie dem entsprachen, was für jeden Einzelnen vorgesehen war. Anders als in der Quarantäne wurden die Blockältesten im Stammlager scharf von den SS-Blockführern kontrolliert und hatten keine Möglichkeit, einen Teil unserer Rationen für sich und ihre Tauschgeschäfte abzuzweigen. So bekamen wir jetzt täglich ein Viertel eines »Weckens« – so hieß in der Lagersprache das übliche, eineinhalb Kilo schwere Kastenbrot – und nicht nur ein Sechstel wie bisher. Und einmal wöchentlich sogar eine Scheibe Wurst. Nur die Qualität des Essens war so miserabel wie zuvor. Auch jetzt bestand es außer aus Brot im Wesentlichen aus einer undefinierbaren Wassersuppe. Einmal, nach der Ankunft jüdischer Häftlinge aus Griechenland, gab es als luxuriöse Abwechslung eine Art Eintopf mit Oliven, die man den Ankömmlingen abgenommen und in der Küche verarbeitet hatte – wie alles, was die Neuzugänge an Proviant mitbrachten. Es war das erste Mal, dass ich Oliven aß. So etwas hatte es bei uns zu Hause nicht gegeben, nicht einmal im gehobenen Sortiment unseres Lebensmittelgroßhandels.

Was den persönlichen Umgang der Kapos mit den Häftlingen anging, so war er im Stammlager nicht weniger menschenverachtend und brutal wie vorher. Hatte ich mir womöglich aufgrund meines flüchtig aufkeimenden Optimismus eine Veränderung erhofft, so wurde ich schon am nächsten Morgen eines Besseren belehrt.

Das gute Mittel

Beim Appell ermahnte uns der Blockälteste wie schon in Birkenau zu Ordnung, Sauberkeit und Disziplin. Er schaute in meine Richtung:»Verstanden?«
Ich fühlte mich angesprochen und sagte:»Ja!«
Das war ein Fehler. Er gab mir eine Ohrfeige und schnaubte:»Das heißt jawohl!«
Ich wiederholte es. Meine Wange brannte. Danach musste sich das Arbeitskommando Huta unter der Führung des Oberkapos, eines Kriminellen namens Helmuth, mittelgroß, kräftig und mit brutalen Gesichtszügen, in Bewegung setzen. Eine Häftlingskapelle spielte Marschmusik. Sie war aus ehemaligen Berufsmusikern zusammengesetzt und hätte bei jedem Kurkonzert bestehen können. Ein anrührendes Spektakel: Man konnte die Identifikation der Männer mit der Musik als dem einzig Erfreulichen in ihrem augenblicklichen Leben irgendwie spüren. Sie spielten im Übrigen auch zur Unterhaltung für die SS.

Begleitet von SS-Wachleuten marschierten wir zu unserer Arbeitsstelle außerhalb des Sperrgebiets, am Rande der Stadt Auschwitz. Mein Nebenmann, ein etwa 30-jähriger polnischer Jude, konnte nicht mithalten. Der Kapo fragte ihn, weshalb er nicht marschieren könne, worauf ihm der Häftling erklärte, dass er Magenkrämpfe habe, weil er an Magengeschwüren litte und eigentlich Diät leben müsse.

»Melde dich nach der Verteilung der Geräte bei mir im Geräteschuppen«, sagte er zu ihm,»ich habe ein gutes Mittel.« Ich glaubte, dass er dem magenkranken Häftling wirklich helfen wollte. Ich war immer naiv und bin es heute noch. Trotz meiner Erfahrungen in den Konzentrationslagern will ich noch immer alles positiver sehen, als es in Wirklichkeit ist. Auch der Kranke glaubte, dass ihm geholfen würde – ein tödlicher Irrtum.

Unterdessen war ich damit beschäftigt, auf Befehl eines Zivilmeisters der Firma Huta, der dem Kommando als Bauleiter zugeordnet war, in der Nähe des Geräteschuppens Erdreich mit einem Schubkarren zu transportieren. Plötzlich hörte ich aus dem Schuppen laute Schreie. Sie gingen mir durch Mark und Bein. Ich ahnte, dass etwas Furchtbares geschah. Später erfuhr ich, dass der Kapo den Magenkranken mit einem Schaufelstiel erschlagen hatte.

Am Nachmittag wurde er am Geräteschuppen auf den zweirädrigen Leichenwagen geladen, der täglich um diese Zeit die Häftlinge aufnahm, die während der Arbeit ermordet worden oder gestorben waren. Ich war entsetzt über die Brutalität und den Zynismus des Geschehens. Es überstieg, einmal mehr, mein Vorstellungsvermögen und stürzte mich in tiefe Verzweiflung.

Das Kommando Huta hatte den Auftrag, einen Kanal für die Stadt Auschwitz zu bauen. Die rund 150 Häftlinge des Arbeitskommandos mussten Erdreich mit Pickeln lockern, in Schubkarren schaufeln und über das Gelände transportieren oder aber Zementsäcke in Loren – auf Schmalspurschienen rollende, kippbare Wagen – aus dem Zementlager zur Betonmischmaschine schieben. Die Arbeit war hart, umso mehr, als sie im Laufschritt ausgeführt werden musste. Dafür sorgten die Hilfskapos, die die Häftlinge konstant zu schnellerem Tempo antrieben. Auch das Beladen der Loren mit Zementsäcken von einem Zentner Gewicht war schwer – für manche der entkräfteten Häftlinge zu schwer. Ein Berliner namens Martin ließ einen Zementsack, den er aufladen sollte, fallen. Er versuchte es ein zweites Mal. Vergeblich. Der Sack fiel wieder zu Boden. Diesmal zerriss er, Zement verteilte sich auf der Erde. Kapo Helmuth bemerkte es. Er schrie:»Sabotage!« Und schlug so lange auf den Mann ein, bis er umfiel und tot neben dem zerrissenen Zementsack liegen blieb.

Zu meinem Kommando gehörte mein Vetter mütterlicherseits, Fritz Gelb aus Ungarisch Brod. Er war der Sohn meines Onkels Alois, einer der älteren Brüder meiner Mutter. Ich erinnerte mich, dass Onkel Alois uns Kindern, wenn er zu Besuch nach Neutitschein kam, immer fünf Kronen schenkte, die ich jedes Mal in Schillerlocken umsetzte. Vetter Fritz war bedeutend älter als ich, von Beruf Metzger, wie die meisten Gelbs, verheiratet und Vater zweier Kinder. Wie mein Vater spielte auch er leidenschaftlich gerne Karten. Schon am ersten Tag im Arbeitskommando war er krank: Er hatte Durchfall, die gefährlichste Krankheit, die man im Lager haben konnte, weil sie den ohnehin abgemagerten Körper weiter schwächte und es kein Mittel dagegen gab. Mit letzter Kraft tat er, was man ihn geheißen hatte, und schaufelte Erdreich in eine Karre. Als er mich sah, sagte er: »Max, ich möchte mich von dir verabschieden. Ich weiß, was mich erwartet.« Am nächsten Tag fehlte er im Kommando. Ich sah ihn nie mehr wieder.

Wir wussten, welchen Weg er gegangen war – eine Erfahrung, die uns jedes Mal aufs Neue die Ausweglosigkeit unserer Situation vor Augen führte. Ich kann es, nach so vielen Jahren, noch immer nicht wirklich beschreiben: dieses Gefühl des totalen Ausgeliefertseins am Rande des Abgrunds. Mein einziger Halt war meine Liebe zu meinem Bruder Edi und die Verantwortung, die ich ihm gegenüber empfand. Umgekehrt hatte er, wie ich sehr viel später von ihm erfuhr, dieselben Gefühle. Er hat mir mindestens zwei Mal das Leben gerettet. Ich meinerseits hatte keine Gelegenheit, dasselbe zu tun.

Beim Transport von Zement musste ich eine Straße überqueren, die vom Bahnhof in die Stadtmitte von Auschwitz führte – und mir in guter Erinnerung war. Es war die Straße, auf der ich sieben Jahre zuvor auf Einladung der Auschwitzer Metzgersfamilie mit der Pferdedroschke vom Bahnhof zu meinen Gastgebern gefahren war. Sechzehn war ich gewesen und zum ersten Mal allein verreist – von den Besuchen bei meiner Großmutter abgesehen. Einen Zloty hatte die Droschkenfahrt gekostet. Herrliche, unbeschwerte Tage waren ihr gefolgt: Spaziergänge, Eisessen, Baden in der Sola. Und die Begegnung mit der schönen Sala Bachner, für die ich um Mitternacht auf den Friedhof gegangen und dafür mit zwei Küssen belohnt worden war. Erinnerungen, schön und schmerzlich. Wie unvorstellbar leicht das Leben damals gewesen war. Ich sah Sala vor mir, als wäre alles nur ein paar Wochen her. Wo mochte sie sein? War sie noch am Leben? Würde ich sie jemals wiedersehen? Würde ich überhaupt irgendjemanden wiedersehen? Damals war Auschwitz ein idyllisches polnisches Städtchen gewesen, ein Ferienziel, in dem niemand ahnte, welch verhängnisvoller »Ruhm« ihm bevorstand. Inzwischen war es zum Synonym für die Hölle geworden.

Auch ich hatte gesundheitliche Probleme – und eines Tages eine lebensgefährliche Begegnung mit Kapo Helmuth. Auch mich schickte er zum Geräteschuppen, wo ich ihn in Todesangst erwartete. Vorausgegangen war, dass ich nach kurzer Zeit im Stammlager, bedingt durch die wässrige Kost und den Mangel an Eiweiß, ein Hungerödem bekam – Einlagerungen von Flüssigkeit im Gewebe, die, wenn sie sich wie bei mir in der Leistengegend oder in den Füßen staut, bei jeder Bewegung Schmerzen verursacht. Ich hatte die Symptome schon eine Weile beobachtet, aber gehofft, dass sie vorübergehen würden. Morgens, wenn ich aufstand, war mein Gesicht geschwollen, am Abend waren es Beine und Füße. Wenn ich mit dem Finger auf eine Schwellung drückte, gab das Gewebe zentimetertief nach und die Schwellung ging zurück – um jedoch Sekunden später wiederzukehren. Auch andere Häftlinge hatten solche Symptome.

Meine Hoffnung erfüllte sich nicht: Sie gingen nicht vorüber, und die Schmerzen wurden von Tag zu Tag größer. Schließlich schaffte ich es nicht mehr, die Lore mit Zement zu beladen. Zwei ehemalige tschechische Polizisten, nichtjüdische politische Mithäftlinge, kamen mir zu Hilfe, indem sie mir erlaubten, mich auf die Stahlumrandung ihres Wagens zu kauern, sodass ich nicht laufen musste. Sie schoben den Wagen etwa 250 Meter weit. Glücklicherweise waren sie gut genährt und kräftig, weil sie zu den arischen Häftlingen gehörten, die Pakete geschickt bekamen – anders als die Juden, die Sinti und die Roma, die niemanden hatten, der ihnen welche schicken konnte.

Plötzlich sahen wir, dass Kapo Helmuth auf uns zukam. Ich rutschte so schnell wie möglich von der Umrandung des Wagens herunter und machte mich daran, mit den beiden anderen die Lore weiterzuschieben. Ich riss mich zusammen, aber ich konnte nicht verhindern, dass ich hinkte.

Der Kapo sah es sofort. »Du kannst ja nicht mehr laufen«, sagte er. »Setz dich in den Geräteschuppen!«

Das Blut gefror mir in den Adern. Ich hatte lebhaft vor Augen, was dort mit dem Magenkranken geschehen war. Ein Schlag mit dem Schaufelstiel, und auch mir wäre geholfen.

Ich ging in den Schuppen, setzte mich, vor Todesangst zitternd, auf eine Bank und überlegte fieberhaft, wie ich mich verhalten sollte. Was in aller Welt könnte mich jetzt noch retten vor dem abgrundtief Bösen in Gestalt dieses Mannes? In Todesangst hat man kein Zeitgefühl mehr. Ich wusste deshalb nicht, ob fünf oder fünfzehn Minuten vergangen waren, als die Tür aufging und Kapo Helmuth hereinkam. Ich hatte mich nie gefragt, was er in seinem kriminellen Vorleben verbrochen hatte. Ich wusste nur, dass er im Lager ein Mörder war. Es spielte für ihn vermutlich nicht die mindeste Rolle, wen er außer dem Magenkranken und all den anderen, die er auf dem Gewissen haben mochte, sonst noch umbrachte.

Ich wusste, dass die nächsten Sekunden über Leben und Tod entscheiden würden. Und dass ich die Entscheidung nicht ihm überlassen durfte.

»Kapo Helmuth«, hörte ich mich plötzlich sagen, »ich bewundere Sie!« Es kam mir nicht ganz leicht über die Lippen.

Der Kapo sah mich an.

»Ja, wirklich«, fuhr ich fort, »wegen der Disziplin und dem Respekt, die die Häftlinge Ihnen gegenüber haben. Sie sind eine richtige Führernatur.«

Darauf war Kapo Helmuth nicht vorbereitet. »Ach, wirklich?«, sagte er erstaunt.

»Ja, ganz bestimmt!« Ich log um mein Leben.

Sein Gesicht entspannte sich. Ich hatte keine Ahnung, was in ihm vorging. Er blickte auf den eisernen Kanonenrohrofen in der Ecke des Geräteschuppens.

»Setz dich an den Ofen, damit dir nicht kalt wird«, sagte er. Ich gehorchte. Dann ging er. Ich blieb am Ofen sitzen, erleichtert und erstaunt, mit dem Leben davongekommen zu sein, und bemerkte kaum, dass ich zu nah an den Ofen rückte, sodass ich eine große Brandblase an der Wade bekam. Zwischen Leben und Tod, so hatte ich einmal mehr erfahren, lagen im Lager nur Sekunden. Ob man lebte oder starb, war Zufall.

Immerhin war es ein Vorteil, wenn man im Lager die Sprache der Täter sprechen konnte. Dass Deutsch, dank meiner Mutter, meine eigentliche Muttersprache war, hat mir nicht nur in diesem Fall das Leben gerettet, sondern noch mindestens zwei weitere Male. Darüber hinaus war es hilfreich, wenn man die Sprache und Mentalität der Kapos und SS-Leute auch verstand – und sich, wenn es nötig war, darauf einstellen konnte. Ein anderssprachiger Häftling hätte die Begegnung mit Kapo Helmuth im Geräteschuppen vermutlich nicht überlebt.

Der Befehl »Arbeitskommando einrücken!« beendete den Einsatz. Ich konnte es im Schuppen hören und fragte mich, was mit mir geschehen würde. Kurz darauf kamen jedoch die beiden guten Engel, die mir zuvor geholfen hatten, nahmen mich in ihre Mitte und stützten mich, während ich mich humpelnd auf den Rückweg zum Lager machte, das 1,7 Kilometer weit entfernt war.

Ich hatte die Entfernung als erheblich größer in Erinnerung, als ich im Jahre 1996 für einen Dokumentarfilm, den das Bayerische Fernsehen über mich drehte, Auschwitz besuchte und mit dem Fernsehteam die Strecke im Auto abfuhr. Es waren 1,7 Kilometer, nicht mehr und nicht weniger.

Im Krankenbau

Das schlimmste denkbare Szenario war eingetreten: Ich war krank. Bislang hatte ich nur überlebt, weil ich gesund geblieben war. Jetzt hatte ich nicht nur höllische Schmerzen, sondern konnte mich auch kaum mehr auf den Beinen halten. Zwar gab es in Auschwitz, anders als im Quarantänelager, mehrere Krankenbauten. Aber wir wussten auch, dass darin unter den jüdischen Patienten strenge Selektionen stattfanden. Wer keine Aussicht auf baldige Wiederherstellung seiner Arbeitskraft hatte, wurde selektiert. Es war also ein großes Risiko, den Krankenbau aufzusuchen. Andererseits war es nicht weniger riskant, bis zum Umfallen weiterzuarbeiten. Ich hatte keine andere Wahl. Am nächsten Morgen meldete ich mich in Block 28, dem Aufnahmeblock des Häftlingskrankenbaus, in der Lagersprache HKB genannt. Die Aufnahme war im Erdgeschoss.

Der Pförtner nahm meine Nummer und meine Personalien auf. Meine Nummer stand neben dem gelbroten Judenstern an meiner Jacke, das T daneben bedeutete, dass ich aus der Tschechoslowakei kam. Auch der Pförtner trug einen Stern an seiner Jacke, darauf die Nummer 29 000. Man begegnete Häftlingen mit derart niedrigen Nummern nicht oft. Die meisten waren längst tot. Er musste schon lange in Auschwitz sein. Neben der Nummer las ich ein T. Auch er kam also aus der Tschechoslowakei.

Ich nannte ihm meinen Namen. Er schrieb ihn auf, stutzte: »Mannheimer?«

Ich nickte. Der Name ist selten. Er kam ihm dennoch offenbar bekannt vor. Ein Gedanke durchfuhr mich: Erich.

»Kennst du meinen Bruder Erich?«, fragte ich ihn.

Es stellte sich heraus, dass er ihn nicht nur kannte, sondern mit ihm befreundet gewesen war. Und dass er etwas über sein Schicksal wusste. Nach anfänglichem Zögern erzählte er, dass Erich 1942 nach Auschwitz gekommen war, dass seine Füße erfroren waren. Und dass er den Weg der nicht mehr Arbeitsfähigen gegangen war. Damals dachte ich, dass man ihn vergast hätte. Denn dass viele Häftlinge vergast wurden, war bekannt. Was ich nicht wusste, war, dass in Auschwitz verschiedene Tötungsmethoden angewendet wurden und man ihn vermutlich nicht ins Gas geschickt, sondern mit einer Phenol-Injektion ins Herz getötet hatte, wie das bei Einzeltötungen üblich war.

Zwei Wochen lang hatten Edi und ich, ohne es zu wissen, drei Kilometer von unserem Bruder entfernt, im selben Lager gelebt, er im Stammlager, wir in Birkenau. Im akribisch geführten Totenbuch von Auschwitz, das eine polnische Historikerin nach dem Krieg zusammengestellt hat, ist der 15. Februar 1943 als Erichs Todestag vermerkt.

Der Pförtner im Aufnahmeblock des Krankenbaus hieß Jan Weiß, er war von Beruf Zahntechniker und stammte aus Holič in der Slowakei. Seine Aufgabe war es, dem SS-Sanitätsdienstgrad, SDG genannt, Josef Klehr, der in einem weißen Kittel als Arzt auftrat, aber kein Arzt, sondern von Beruf Schreiner war und auf dem Lagergelände Kaninchen züchtete, bei der Ermordung durch die Todesspritze zu assistieren. Er musste die Todeskandidaten festhalten, die auf einem Stuhl saßen, während der sogenannte Arzt die Rippen abzählte – was bei den abgemagerten Häftlingen sehr einfach war –, um die Stelle über dem Herzen zu finden, an der er die Nadel der Magnumspritze ansetzen musste. Eines Tages saß sein eigener Vater vor ihm auf dem Stuhl. Als er nach der Spritze vom Stuhl kippte, weinte Jan Weiß.

»Du machst das doch schon so lange«, sagte der Sanitätsdienstgrad zu ihm. »Warum weinst du denn?«

»Das war mein Vater«, sagte Jan Weiß.

»Warum hast du nichts gesagt?«

»Ich hatte Angst, dass ich mich auch auf den Stuhl setzen

müsste«, antwortete er. Mit dieser Schuld lebte Jan Weiß bis zu seinem Tode in den achtziger Jahren.

Ich musste mich ausziehen und duschen. Ein Funktionshäftling schrieb mir mit Tintenstift meine Häftlingsnummer in riesengroßen Ziffern auf die Brust. 99 728. An dieser Stelle und in dieser Größe würde sie im Fall meines Todes die Registrierung erleichtern. Ein polnischer Häftlingsarzt untersuchte mich, diagnostizierte eine Leistendrüsenentzündung und legte eine Krankenkarte mit meinem Namen und meiner Nummer an, auf der er seine Diagnose vermerkte. Nach mir untersuchte er noch weitere Häftlinge. Schließlich betrat ein SS-Arzt den Raum. Er prüfte die Krankenkarten, sah die Häftlinge an und legte die Karten in zwei Stapeln ab. Der eine Stapel bedeutete Aufnahme, der andere Tod. Meine Karte legte er auf den Stapel Aufnahme. Zusammen mit anderen Häftlingen, die ebenfalls operiert werden sollten, wurde ich zum chirurgischen Block geführt. Der Eingriff war für den nächsten Morgen vorgesehen.

Es war höchste Zeit. Mein linkes Bein war so stark angeschwollen, dass ich Mühe hatte, auf den Operationstisch zu klettern. Der Anästhesist, auch er ein Pole, half mir dabei. Ich war vor Schmerzen fast apathisch. Dennoch hatte ich höllische Angst. Man würde mir eine Narkosespritze geben. Was, wenn es keine Narkosespritze, sondern eine Todesspritze wäre? Glücklicherweise wurde ich mit Äther betäubt. Der Narkotiseur legte mir ein Gazetuch über die Nase, auf das Äther geträufelt wurde, und befahl mir, zu zählen und tief zu atmen. Ich tat wie geheißen. Ich zählte bis dreiundvierzig. Weiter kam ich nicht, sondern wiederholte nur immer wieder die Zahl dreiundvierzig. Ich erinnere mich daran bis heute.

Als ich erwachte, hatte ich eine Wunde in der Leistengegend, die mit einem Papierverband verbunden war. Ich wurde in den angrenzenden Krankensaal begleitet. Dreistöckige Bettgestelle standen darin, es mussten an die siebzig sein, dazwischen befand sich ein etwa zwölf Meter langer Gang. Ich war benommen, das Gehen fiel mir schwer und die Wunde schmerzte, trotz der nachwirkenden Narkose. Als Bett hatte man mir am Vortag eine der oberen Pritschen zugewiesen. Zwar waren die oberen Pritschen die begehrteren, weil einem auf den unteren immer die Strohkrümel aus den darüber befindlichen Pritschen ins Gesicht rieselten, diesmal allerdings wäre mir eine untere lieber gewesen. Wie auf einer Jakobsleiter stieg ich, die benachbarten Pritschen als Stufen benutzend, hinauf. Es fiel mir schwer, aber es gelang. Ich legte mich auf den Strohsack und deckte mich mit einer Decke zu. Ich war erleichtert: Ich war noch am Leben.

Schlafen konnte ich nicht. Es mochten rund 200 Kranke im Raum sein, die Luft roch scharf nach Desinfektionsmitteln. Auf der Pritsche neben mir stöhnte ein Mann laut, er hatte offenbar große Schmerzen, aber niemand kümmerte sich um ihn. Immer, wenn ich glaubte, er sei endlich eingeschlafen und ich könnte meinerseits ein Auge zutun, gab er erneut jammervolle Laute von sich. Leider konnte ich nicht das mindeste für ihn tun. Die Nacht schien kein Ende zu nehmen. Ich dachte an meinen Bruder Erich. Endlich dämmerte der Morgen.

Ein Kommando beendete die Nachtruhe: »Alles aus den Betten! Hemden ausziehen! Verband abnehmen!«

Ein SS-Arzt und ein Krankenschreiber stellten sich an der Tür des Krankensaals auf: Selektion!

Der Schreiber trug die Karteikarten der Kranken bei sich und rief ihre Nummern auf. Einer nach dem anderen musste auf dem Gang zwischen den Bettgestellen auf den Arzt zugehen und zwar im Laufschritt. Die Strecke betrug etwa zwölf Meter – eine unendliche Entfernung, wenn man gerade operiert worden ist und kaum gehen kann. Wer hinkte, musste am Eingang stehen bleiben, selektiert.

»99 728!«

Die Stimme des Häftlingsschreibers dröhnte mir in den Ohren. Ich hatte wahnsinnige Angst. Aber ich stand stramm, drückte das Kreuz durch, die Brust heraus, winkelte die Arme an, wie ein Kurzstreckenläufer, der ich ja mal gewesen war, und begann zu laufen. Ich lief um mein Leben. Der Krankensaal drehte sich vor meinen Augen, aber ich achtete nicht darauf. Achtete auch nicht auf meine Wunde, spürte sie nicht einmal. Sah nur die Tür. Ich musste es schaffen. Und ich schaffte es. Der Arzt machte eine Bewegung mit der Hand. Ich durfte auf meine Pritsche zurückkehren. Ich wusste kaum, wie ich hinaufgekommen war, als ich erschöpft darauf niedersank.

Mein Nachbar, der sich die Nacht über so gequält hatte, kam wenig später an die Reihe. In der Morgendämmerung hatte ich ihn als meinen Landsmann und Freund Riesenfeld aus Ungarisch Hradisch identifiziert. Er sah schrecklich aus, sein ganzer Körper war mit Furunkeln übersät. Dem nächtlichen Stöhnen nach zu urteilen, hatte er wahnsinnige Schmerzen. Es gelang ihm nicht, so etwas wie einen Laufschritt vorzulegen. Mühsam schleppte er sich zur Tür. Dort musste er, wie etwa vierzig andere Selektierte, stehen bleiben. Der Schreiber verlas noch einmal ihre Nummern. Einer der Aufgerufenen fehlte. Offenbar hatte er sich unbemerkt von der Tür entfernt. Man suchte auf den Pritschen, fand ihn unter einer Decke, unter der er sich versteckt hatte, und zerrte ihn zur Tür. Er schrie erbärmlich. Ich höre seine Schreie noch immer.

Zusammen mit den anderen wurde er die Treppe des Krankenbaus hinuntergeführt. Man hatte ihm und den anderen Decken gegeben, ihnen befohlen, sie umzulegen. Wozu? Um sie auf ihrem letzten Weg vor Kälte zu schützen? Eingehüllt in die Decken stiegen alle, Gespenstern gleich, Treppen hinab, kraftlos, wehrlos, hoffnungslos. Auf der Lagerstraße vor dem Krankenbau wartete bereits ein Lastwagen. Die Häftlinge bestiegen ihn und wurden weggefahren. Wohin genau wussten wir nicht, aber wir wussten, dass sie nicht mehr wiederkommen würden.

Wir sprachen nicht darüber. Wir diskutierten das Thema Tod nie. Es begleitete uns ununterbrochen, aber wir wagten nicht, es anzuschneiden. Wir sprachen auch nicht über die Verwandten, von denen wir getrennt worden waren, wir wollten einander das Herz nicht noch schwerer machen.

Stattdessen sprachen wir über belanglose Ereignisse aus der Vergangenheit. Manche hatten wir, da viele von uns aus Ungarisch Brod kamen, sogar in gemeinsamer Erinnerung. Auch die Funktionshäftlinge sprachen das Wort »tot« niemals aus, es war tabu. Ein Toter war kein Toter, sondern ein »Abgang«.

Bevor die Häftlinge morgens unter den Klängen von Marschmusik zur Arbeit ausrückten, brüllte der Kapo: »Mützen ab! Augen rechts!« – weil rechts die SS-Wachleute standen, die uns zählten. Der Oberkapo rapportierte zum Beispiel: »Kommando Huta, melde 150 Häftlinge!« Waren zehn Häftlinge beim Arbeitseinsatz im Laufe des Tages ermordet worden, so hieß es am Abend: »Melde 140 Häftlinge und zehn Abgänge!«

Edi wusste, dass ich im Krankenbau war. Schon am Tag nach der Operation hatte er mich gefunden. Während ich auf meiner Pritsche dahindämmerte, hörte ich plötzlich den vertrauten Pfiff, mit dem wir uns als Kinder verständigt hatten. Ich kletterte von der Pritsche herunter und öffnete das Fenster: Ein Stockwerk tiefer, auf der Lagerstraße vor dem Krankenbau, stand Edi. Er sah zu mir herauf, lächelte.

»Wie geht es dir?«

»Gut.«

»Fang!«, sagte Edi.

Sekunden später flog mir ein Viertel eines Weckens entgegen – Edis gesamte Tagesration. Als er gegangen war, aß ich es heißhungrig, denn die Essensrationen im Krankenbau waren noch kleiner als außerhalb. Dass wir gesund werden und deshalb ernährt werden mussten, gehörte nicht zum Konzept.

Während der zwei Wochen, die ich im Krankenbau verbrachte, kam Edi jeden Morgen vor dem Appell, pfiff und warf ein Brot zu mir herauf. Er verzichtete auf sein Essen, weil er fand, dass ich es in der Phase der Rekonvaleszenz nötiger brauchte als er. Damit mochte er sogar recht haben. Dennoch kann niemand, der nicht wochenlang bitteren Hunger gelitten hat, ermessen, wie groß Edis Opfer war. Ich war tief gerührt und dankbar über seine Geste von Liebe und Fürsorge, die mir signalisierte, wie wichtig es ihm war, dass ich überlebte. Ein Signal, nach dem man sich unendlich sehnte, gerade weil man im Lager täglich erfuhr, wie nichtswürdig und überflüssig man war. Mein wunderbarer kleiner Bruder rettete mir – einmal mehr – physisch und psychisch das Leben. Nach zwei Wochen wurde ich, noch immer geschwächt und etwas unsicher auf den Beinen, aus dem Krankenbau entlassen.

Edi schlug vor, ich solle mich zu den Schuhmachern einteilen lassen und als Beruf Schuhmacher angeben. Dann hätte ich zumindest ein Dach über dem Kopf und würde mich nicht länger bei Wind und Wetter im Freien aufhalten müssen und womöglich bald wieder krank werden. Auch könnte ich dann mit ihm zusammen sein. Sein Kommando »Bekleidungswerkstätten« reparierte die Lederschuhe und Stiefel der SS. Er sprach mit seinem Kapo darüber und organisierte den Wechsel.

Schon am nächsten Morgen rückte ich als Schuhmacher mit dem Kommando »Bekleidungswerkstätten« aus, das aus rund 350 Häftlingen bestand. Nach zwanzig Minuten Fußmarsch erreichten wir eine alte ehemalige Lederfabrik, die Arbeitsstätte der Schuhmacher, Schneider und Polsterer. Der Kapo, ein polnischer Häftling aus Posen namens Lipczak, befahl mir, einen Holzstift in eine Ledersohle einzuschlagen. Da ich noch nie etwas Derartiges gemacht hatte, gelang es mir nicht. Der Kapo sah es und sagte:

»Du bist doch gar kein Schuster!«

»Ich habe erst begonnen, Schuster zu lernen«, log ich.

Er glaubte mir offensichtlich nicht. »Bück dich!«, sagte er.

Ich bückte mich. Er nahm einen Schuhleisten und gab mir damit fünf Schläge aufs Gesäß. Sie taten ziemlich weh. Kurz darauf hieß er mich Holzstifte mit dem Schustermesser, das man »Kneip« nannte, zuschneiden. Als ich fertig war, begutachtete er das Ergebnis.

»Zu wenig!«, sagte er. »Und zu ungleichmäßig! Bück dich!«
Und wieder gab es fünf Schläge mit dem Leisten. So ging es
Tag für Tag.

Wenig später hatte sich unter meinem rechten Schlüsselbein
eine rotblaue eitrige Geschwulst gebildet. Trotz großer Bedenken – dass ich einmal lebend herausgekommen war, bedeutete
nicht, dass ich es auch ein zweites Mal schaffen würde – meldete ich mich erneut im Krankenbau. Der Arzt diagnostizierte
eine Phlegmone, eine Infektion des Bindegewebes, die durch
Vitaminmangel und körperliche Überanstrengung entsteht. Ich
musste jedenfalls wieder operiert werden. Auch diesmal flogen
zwei Wochen lang jeden Morgen Edis Brotrationen ans Fenster.
Dennoch wurde ich jeden Tag magerer. Eines Tages ging ich auf
Edis Pfiff hin zum Ausgang des Krankenbaus, um ihn zu sehen.
Ich bemerkte, dass er bei meinem Anblick erschrak und die
Tränen unterdrückte. Er schaute schnell weg, um sie vor mir zu
verbergen, aber ich sah sie doch und schaute meinerseits weg.

Edi selbst blieb ein Aufenthalt im Krankenhausbau erspart.
Das verdankte er vor allem Jan Weiß, dem Freund unseres
Bruders Erich, den ich im Häftlingskrankenbau kennengelernt
hatte. Als Edi einmal eine schriftliche Aufforderung erhielt, sich
im chirurgischen Block des HKB zu melden, ging er zuvor zu
Jan und fragte ihn, was die Aufforderung zu bedeuten hätte. Jan
sah sich um, ob er beobachtet würde, nahm dann den Zettel und
zerriss ihn.

»Sprich mit niemandem darüber«, sagte er zu Edi. Sonst
nichts.

Später erfuhren wir, dass alle Häftlinge des Jahrgangs 1925
eine solche Aufforderung bekommen hatten. Wer ihr folgte –
und kaum jemand wagte, sich ihr zu widersetzen –, wurde ohne
sein Wissen einer Sterilisation mittels Durchtrennung des Sa-
menleiters unterzogen. Es war das Verdienst von Jan Weiß, dass
meinem Bruder dieses Schicksal erspart blieb. Nach dem Krieg
wurde Edi Vater dreier Töchter und Großvater von neun Enkeln
und Enkelinnen.

Ihr seid Kerle

Wie schon nach meiner ersten Operation wurde ich nach der Entlassung neu zum Arbeitseinsatz eingeteilt. Auf Edis Anraten brach ich meine wenig verheißungsvolle Schusterlaufbahn ab und meldete mich als Tapezierer. Diesmal verlangte die Arbeit keine vorherige Ausbildung: Im Dachgeschoss der Lederfabrik, in der das Arbeitskommando »Bekleidungswerkstätten« seinen Einsatz leistete, musste ich zusammen mit einem jungen Russen aus Decken, die griechische Juden aus Saloniki mitgebracht hatten, Wolle zupfen. Sie wurde zu Füllungen für die Polstermöbel der SS verarbeitet. Es war die beste Arbeit, die ich während der ganzen Lagerzeit hatte, weil man dabei sitzen konnte und keine Schläge bekam. Der junge Russe sprach nichts als seine Muttersprache. Wenn ich mich mit ihm verständigen wollte, musste ich es auf Russisch tun. Es fiel mir erstaunlicherweise leicht, da ich neun Jahre tschechische Schulen besucht hatte. Ich sollte später noch von dieser Kenntnis profitieren und lernte noch weitere slawische Sprachen dazu.

Ein polnischer Funktionshäftling, von Beruf Tapezierer, der offenbar antisemitisch war, befahl mir, im ersten Stock der Werkstätte den Boden zu schrubben. Mit einem Eimer Wasser, einer Bürste, Schmierseife und einem Lappen ausgestattet, schrubbte ich den Boden auf Knien, tauchte dabei immer wieder den schmutzigen Lappen in das Wasser und wrang ihn dann aus. Naturgemäß wurde es dabei immer schmutziger. Als ich fertig war, trat mich der Pole in den Hintern, sodass ich über den Eimer fiel und sich das schmutzige Wasser auf den Fußboden ergoss.

»Das nennst du sauber?«, brüllte er. »Aufwischen und Hofkommando!«

Das Hofkommando war das Strafkommando. Man kam dorthin, wenn man angeblich gegen die Disziplin verstoßen hatte. Die Strafe bestand in Arbeiten, die schwerer und anstrengender waren als die üblichen. Meine Strafe war es, mit Rudi Müller, einem Handschuhfabrikanten aus Prag, Holz zu sägen. Er arbeitete, wie ich, im Kommando »Bekleidungswerkstätten«, wo er die Koffer der Ankömmlinge, die nach ihrer Ankunft im Lager geleert worden waren, nach Geld und Wertsachen durchsuchen musste, die womöglich im Futter versteckt waren.

Die Koffer selbst wurden nicht gebraucht, es gab ja genug davon im Lager und jeden Tag kamen neue, aus Leder die einen, aus Vulkanfiber andere. Jeder von ihnen, ob elegant oder schäbig, stand für ein Schicksal und war mit Ängsten und Hoffnungen gepackt worden. Ich erinnerte mich an unsere Koffer. Daran, wie meine Mutter tagelang überlegt hatte, was sie hineinpacken sollte, weil sie ja nur ein bestimmtes Gewicht haben durften. Und daran, dass wir schließlich nichts von alledem hatten mitnehmen dürfen, sondern es im Zugabteil an der Rampe von Auschwitz hatten zurücklassen müssen. Auch Familienfotos hatte meine Mutter eingepackt. Vielleicht, weil sie zumindest die Vergangenheit in unsere ungewisse Zukunft mitnehmen wollte.

Eines Tages fand Rudi den Koffer meiner Mutter – und darin unsere Fotos. Er gab mir eines davon. Es war ein Foto unserer Familie. Ich betrachtete es lange, schweigend, bestürzt. Meine Eltern, in ihrer Mitte meine kleine Schwester Käthe, saßen auf einer gepolsterten Bank, dahinter standen wir Brüder, ordentlich gekämmt und in unseren guten Anzügen, alle vier mit Krawatte, Ernst und ich mit einem feinen Einstecktuch in der Brusttasche, und schauten in die Kamera. Die Einzige, die nicht in die Kamera, sondern ein wenig sinnend vor sich hinsah, war meine Mutter. Wir lächelten nicht. Vermutlich, weil der Fotograf darauf verzichtet hatte, uns dazu aufzufordern. Das Foto mochte fünf Jahre alt sein, ich selbst war darauf vielleicht achtzehn, Käthe demnach elf. Am Abend zeigte ich es Edi, der es, wie ich, stumm betrachtete. Ich schnitt es dann in drei schmale

Streifen, trennte die Naht meines Gürtels auf, legte die Fotostreifen zwischen Außen- und Innenseite und schnallte den Gürtel wieder um. Von diesem Zeitpunkt an trug ich meine Familie immer bei mir. Möglich, dass ich mich mit Rudi Müller auch deshalb besonders verbunden fühlte, weil er das Foto gefunden und mir geschenkt hatte.

Das, was sich beim Holzsägen im Hofkommando ereignete, trug auf zusätzliche Weise dazu bei. Es war ein warmer Herbsttag, wir schwitzten bei der Arbeit. Nach einer Weile legten wir die Säge weg und machten eine kleine Pause. Minuten später hörten wir aus einem geöffneten Fenster im ersten Stock der Fabrik ein wütendes Geschrei:

»Ihr Drecksäcke! Ihr bleibt stehen, bis ich herunterkomme!«

Es war der Kapo mit der Häftlingsnummer Sieben, einer der dreißig kriminellen Kapos aus dem Konzentrationslager Sachsenhausen. Er befahl uns, ihm zu folgen, und führte uns in die

Gerberei, in der ein großes Becken mit rotbrauner Brühe in den Boden eingelassen war, in dem die zu bearbeitenden Rinderhäute nach dem Gerben in der Gerbsäure gewässert wurden. Die Brühe reichte bis circa fünfzig Zentimeter unter den Beckenrand. Er stieß uns in unseren Kleidern hinein. Wir gingen unter, tauchten wieder auf, klammerten uns mit den Händen an den Beckenrand und versuchten, uns aus dem Becken herauszuziehen.

Der Oberkapo stieß uns zurück, trat von oben auf unsere Köpfe, unsere Handrücken und Finger, bis wir losließen, erneut untergingen, erneut auftauchten und uns erneut am Beckenrand festhielten. Keine Frage: Er wollte uns ertränken. Erst beim dritten Mal ließ er von uns ab.

»Ihr seid Kerle!«, sagte er schließlich, »ihr dürft am Leben bleiben!«

Zitternd vor Angst kletterten wir aus der kalten, schmutzigen Brühe heraus.

Die Folge bei mir war eine schwere Bronchitis. Ich bekam Blockschonung, das heißt, ich durfte im Block bleiben und brauchte nicht mit dem Arbeitskommando auszurücken. Blockschonung hieß aber auch: Ich musste den Block säubern, Staub wischen und bei der Verteilung der Essensrationen helfen.

Wie berichtet, mussten wir uns immer, wenn wir von der Arbeit zurückkehrten, unter den Klängen von Marschmusik, die die Lagerkapelle spielte, zu einem Zählappell aufstellen. Eines Abends bot sich uns dabei ein schreckliches Bild: Auf schräg an die Wand gestellten Brettern neben dem Tor lagen sechs Häftlinge mit blutverschmierten Gesichtern und aufgeschlitzten Bäuchen, aus denen die Gedärme quollen. Sie gehörten, so erfuhren wir später, zu einem landwirtschaftlichen Kommando, aus dem einige sowjetische Häftlinge geflohen waren, und waren getötet worden, weil sie deren Flucht nicht verhindert hatten. Ihre brutale Hinrichtung sollte der Abschreckung dienen. Auch andere Unschuldige mussten dafür herhalten. So begegnete ich einmal am Toreingang einem alten Paar. Sie standen hinter einer Tafel, die jeder lesen musste, der vorbeikam:»So geht es allen, deren Kinder versuchen, aus Auschwitz zu flüchten«, stand da. Ihr Sohn war aus dem Lager geflohen. Durch die Geiselnahme der Eltern wollte die Lagerleitung erreichen, dass der Flüchtling sich stellte. Schweigend gingen die Häftlinge an ihnen vorbei. Auch ich. Ich war tief betroffen. Gerne hätte ich mich vor ihnen verbeugt. Oder ihnen die Hand gegeben. Aber ich wagte es nicht. Stattdessen sah ich sie nur an. Sie waren sehr alt, viel älter, als meine Eltern es gewesen waren. Voller Scham und Mitleid senkte ich den Kopf und grüßte sie wortlos.

Einige Wochen später wurde ich noch ein drittes Mal operiert, diesmal ambulant: Ich hatte einen eitrigen Abszess an der Brust, der aufgeschnitten werden musste. Zwei Tage nach der Operation, am 5. Oktober 1943, hieß es plötzlich beim Morgenappell:»Nach dem Appell bleiben alle nichtpolnischen Juden stehen!«

Wir sahen uns an. Eine Selektion. Aber nach welchen Kriterien ging sie diesmal vonstatten? Sonst hieß es bei Selektionen immer:»Nach dem Appell bleiben alle Juden stehen.« Warum wurde diesmal nach Herkunftsland unterschieden? War es ein gutes oder ein schlechtes Zeichen?

Es stellte sich heraus, dass es ein sehr gutes Zeichen, ja geradezu ein Lichtblick war. Die Lagerleitung hatte den Auftrag, ein Kommando aus nichtpolnischen Juden zusammenzustellen, die zu Aufräumarbeiten in das zerstörte Warschauer Ghetto geschickt werden sollten. Dabei verzichtete man auf Polen, um auszuschließen, dass sich die Häftlinge mit der einheimischen Bevölkerung verständigen konnten. All das wussten wir natürlich nicht. Wir ahnten nur, dass der Transport Auschwitz verlassen würde. Das hieß zumindest: Raus aus dem Lager! Weg von den Gaskammern! Weg von den Krematorien!

Abgesehen vom Herkunftsland war bei der Auswahl der Häftlinge für das Arbeitskommando ihre physische Konstitution ausschlaggebend. Meine Konstitution war nach acht Monaten Lageraufenthalt und drei Operationen ziemlich angeschlagen. Zudem trug ich noch ein Pflaster über meiner Operationswunde von vor zwei Tagen. Verbergen konnte ich sie nicht, denn ich musste mit entblößtem Oberkörper antreten und das Pflaster abnehmen. Der Arzt, der die Selektionen vornahm, war sehr groß, sein Gesicht schmal, auch die Hände waren lang, schmal und feingliedrig, die Augen hinter seiner Brille blickten ganz ruhig. Ich erkannte ihn sofort: Es war derselbe, der die Selektion bei der Ankunft an der Rampe in Auschwitz durchgeführt hatte. Neben ihm stand der Blockschreiber, ein Berliner namens Heinz. Der Arzt gab ihm Zeichen mit der Hand, die ich nicht zu deuten vermochte. Als die Prozedur zu Ende war, kam Heinz auf mich zu.

»Max«, sagte er, »Edgar wurde auf Transport genommen. Du wurdest abgelehnt.«

Ich erschrak. Es bedeutete, dass Edgar weggehen und ich in Auschwitz bleiben würde. Das würde ich nicht überleben. Und Edi, auch wenn er stark war, womöglich ebenfalls nicht. Ich war immer überzeugt gewesen, dass wir nur deshalb noch am Leben waren, weil wir zusammengeblieben waren. Und dass eine Trennung unseren sicheren Tod bedeuten würde. Ich konnte sie auf gar keinen Fall zulassen. Aber wie sie verhindern?

»Was soll ich machen?«, fragte ich den Blockschreiber.

»Sprich mit dem Obersturmführer«, sagte er. Das war der Arzt.

Ich hatte nichts zu verlieren. Mein Leben stand so oder so auf dem Spiel.

Ich ging auf den Obersturmführer zu, stellte mich vor ihm in Positur, nahm die Mütze ab und eine stramme Haltung an, legte die Hände an die Hosennaht meiner Häftlingsuniform und sagte so schneidig wie möglich:

»Herr Obersturmführer, Häftling 99 728 bittet um eine Unterredung!«

Ich hoffte, dass ihm mein soldatischer Auftritt imponieren

würde. Wir konnten ja jeden Tag sehen, in welchem Ton und Auftreten sich die SS gefiel.

»Was wollen Sie?«, fragte er mich.

Die Anrede machte mich optimistisch. Üblicherweise wurden wir geduzt. Und angebrüllt. Ich nahm all meinen Mut zusammen:

»Ich bitte Herrn Obersturmführer auf Transport gehen zu dürfen. Mein Bruder wurde ausgewählt, aber ich, obwohl ich vollkommen gesund und arbeitsfähig bin, wurde abgelehnt.«

»Aber Sie haben doch eine Wunde an der Brust«, sagte er.

Auch diese Antwort wertete ich als gutes Zeichen. Er hatte mich zwar ausgemustert, aber er erinnerte sich an mich, obwohl ich mittlerweile angezogen war und er in der Zwischenzeit viele Häftlinge gesehen hatte.

»Ich habe gesundes Blut«, sagte ich. »Bei mir heilt alles schnell. Ich bitte Herrn Obersturmführer, auf Transport gehen zu dürfen.«

»Zeigen Sie her!«

Ein weiteres gutes Zeichen. Er war bereit, mich ein zweites Mal anzusehen. Eilig öffnete ich Jacke und Hemd und löste das Pflaster von der Wunde. Sie war noch keineswegs verheilt.

Der Obersturmführer besah sich die Wunde prüfend, während ich ihn meinerseits betrachtete. Was mir von der ersten Begegnung – an der Rampe – vor allem in Erinnerung geblieben war, war die Tatsache, dass er so groß war. Vielleicht erinnere ich mich auch deshalb an seine Größe, weil sie seiner Macht über mein Leben zu entsprechen schien. Meinen Vater, meine Mutter, meine Schwester, meine Frau und meine Schwägerin hatte dieser Mann ins Gas geschickt. Mich hatte er zunächst am Leben gelassen. Nun entschied er zum zweiten Mal darüber. Wieder einmal klopfte mir das Herz bis zum Hals.

»Transport!«, sagte er schließlich.

Heinz, der Blockschreiber, durchsuchte den Karteikartenstapel der Ausgemusterten, zog meine Karte heraus und legte sie auf den anderen Stapel.

Warschau

Wohin der Transport gehen sollte, wussten wir nicht. Dennoch erschien uns jedes Ziel besser, als in Auschwitz zu bleiben. Schlimmer konnte es nirgendwo sein. Und wie schon vor der Übersiedlung ins Stammlager hatten wir die Hoffnung, dass unsere Arbeitskraft gebraucht und uns retten würde.

Wir bekamen einen Wecken als Proviant und neue Kleidung, wurden desinfiziert und zu einem Bahngleis direkt hinter dem Tor geführt, wo man uns befahl, in Güterwaggons zu steigen. Sie hatten keine Fenster, nur kleine kippbare Klappen unterhalb der Decke. Wir hoben einander hoch, um durch die Luken sehen zu können. Anhand des Sonnenstandes stellten wir fest, dass der Zug nach Norden fuhr. Mit uns fuhren Häftlinge, die in Polen geboren worden, aber in den zwanziger Jahren nach Frankreich gezogen waren, dort als Handwerker gearbeitet hatten und von dort nach Auschwitz deportiert worden waren. Als ihr Herkunftsland galt nicht Polen, sondern Frankreich. Wir fuhren einen Tag lang, ohne zu wissen wohin. Einer der polnischen Häftlinge sagte uns dann, dass wir in der Gegend von Warschau seien. Endlich hielt der Zug. Es war der 8. Oktober 1943, das jüdische Versöhnungsfest, Jom Kippur.

Wir wussten, dass es in Warschau ein großes Ghetto gab, in dem viele Juden lebten. Was wir nicht wussten, war, dass dieses Ghetto nicht mehr existierte. Dennoch waren wir genau da angekommen. Ich möchte meinem damaligen Kenntnisstand vorgreifen und einfügen, was ich erst nach und nach in Erfahrung brachte.

Das Warschauer Ghetto wurde im Oktober 1940 von den Nazis nördlich des Stadtzentrums für polnische und deutsche

Juden errichtet und mit einer achtzehn Kilometer langen und drei Meter hohen Mauer vom Rest der Stadt getrennt. Mit einer Fläche von 402 Hektar und zeitweise mehr als 400 000 Bewohnern war es das mit Abstand größte Sammellager der Nazis, von dem aus die Ghettobewohner in die Vernichtungslager, vor allem nach Treblinka, nordöstlich von Warschau, deportiert wurden. Vor dem Krieg hatten in Warschau rund 1,3 Millionen Menschen gelebt, eine Zahl, die sich durch den Zwangszuzug der Juden auf zeitweise 1,8 Millionen erhöht hatte. Zum Konzept gehörte es, wie in den Konzentrationslagern, die Bewohner zu dezimieren, was nicht nur durch Deportation, sondern auch durch Überbelegung der Häuser und Wohnungen und kontinuierliche Unterversorgung geschah, sodass viele Menschen an Hunger und Seuchen starben.

Außerhalb der Ghettomauern siedelten sich rund fünfzig deutsche Privatbetriebe an, die auf eigene Rechnung mit jüdischen Arbeitskräften für die Wehrmacht, die SS und andere NS-Einheiten Textil-, Pelz- und Lederwaren herstellten. Ab 1942 wurde die Ghettobevölkerung sukzessive deportiert, wer krank oder nicht marschfähig war, noch vor Ort erschossen. Schon zuvor hatte sich unter den Ghettobewohnern Widerstand geregt – anfangs auf Initiative von rund 750 Männern und Frauen, denen sich nach und nach viele andere angeschlossen hatten. Sie bauten Bunker und legten Verstecke an, um sicherzustellen, dass die Ghettobewohner den nach einem Aufstand zu erwartenden Angriffen der SS über einen längeren Zeitraum standhalten konnten. Am 19. April 1943, dem jüdischen Pessachfest, widersetzten sich die Bewohner schließlich massiv, der Aufstand brach los: Die gut bewaffneten Kräfte von SS-Leuten und deutschen Wehrmachtsangehörigen, verstärkt durch die Warschauer Polizei, sahen sich einer Handvoll jüdischer Kämpfer gegenüber, die urplötzlich zu feuern begannen, danach verschwanden und an anderer Stelle wieder auftauchten. Die Deutschen gingen dazu über, die Häuser niederzubrennen, aus denen die Schüsse gekommen waren. Schließlich brannten ganze Straßenzüge. Doch weder gaben die Aufständischen auf noch trieb das Feuer die Juden aus ihren Verstecken. Es dauerte mehrere Wochen, bis der Aufstand, bei dem Tausende von Ghettobewohnern getötet wurden, niedergeschlagen war. In der zweiten Maihälfte schickte der Kommandant der Aktion, Jürgen Stroop, ein Telegramm an seinen direkten Vorgesetzten, den Höheren SS- und Polizeiführer Friedrich Wilhelm Krüger, nach Krakau sowie an Heinrich Himmler, Reichsführer der SS und Chef der Polizei, nach Berlin und meldete: »Es gibt keinen jüdischen Wohnbezirk in Warschau mehr.«

Aus dem Baumaterial, das auf dem Ghettogelände geborgen wurde, errichteten vom Sommer 1943 an im Warschauer Stadtteil Muranów Häftlinge aus anderen Lagern ein Konzentrationslager. Mit den Arbeiten war ein Konsortium aus vier deutschen Bauunternehmen betraut, das von der Firma Merckle aus Ostrow geleitet wurde und, wie die anderen drei Firmen, Erfahrung bei Bauprojekten in Ghettos und Lagern hatte.

Anders als zuvor blieb das Ghetto auch nach der Niederschlagung des Widerstands für die übrige Bevölkerung der Stadt Warschau gesperrt. Kontrolliert wurde es von der SS und der Polizei. Die Wachen patrouillierten an den Ghettomauern entlang, aber sie suchten auch nach Juden, die sich nach dem Ende des Aufstands in den Ruinen des Ghettos versteckt hatten.

Angesichts der Tatsache, dass die Rote Armee sich Warschau näherte, wurde das Lager noch vor dem Abschluss der geplanten Arbeiten am 27. Juli 1944 aufgelöst, die Häftlinge trieb man auf einen Evakuierungsmarsch. Als die Sowjets die östlichen Vororte Warschaus erreicht hatten und die deutschen Besatzer ihre Dienststellen räumten, wurden auch die noch verbliebenen Häftlinge des Lagers evakuiert.

Wir kamen gegen drei Uhr morgens in Warschau an, insgesamt 1053 Häftlinge. Man befahl uns, die Waggons zu verlassen und uns in Fünferreihen aufzustellen. Dann marschierten wir, flankiert von SS-Wachen und den schwankenden Lichtkegeln ihrer

Taschenlampen, in die Dunkelheit hinein. Das Gelände bot den gespenstischen Anblick einer weiten, menschenleeren Trümmerlandschaft nach einer verlorenen Schlacht: zerstörte Häuser ohne Dächer und Fenster, abgebrannte Mauern, wohin man sah. Was geschehen war, wussten wir noch immer nicht. Abgesehen von den üblichen schrillen und überlauten Kommandos war es still. Nur das Klappern unserer Holzpantinen auf dem Kopfsteinpflaster war zu hören, ein eintönig-rhythmisches Geräusch, das die vorderen Reihen vorgaben, die mittleren aufnahmen und die hinteren wiederholten, und das sich in seinem Echo fortsetzte. Ich habe es noch immer in den Ohren. Nach zwanzig Minuten erreichten wir das Lager, das sich an der Gesiastraße befand.

Es gab mehrere Blocks auf dem Gelände, schlichte Holzbaracken mit Fenstern, die vor Kurzem gebaut worden waren. Wir wurden registriert, bekamen neue Nummern. Unsere Identität, seit Auschwitz auf den linken Unterarm tätowiert, zählte nicht mehr. Von nun an war Edi Nummer 2881, ich 2882. Wir wurden in Block 1 untergebracht. Er hatte einen Holzfußboden, aber Betten gab es nicht, sodass wir auf dem Boden schliefen, die Holzpantinen unter dem Kopf. Zum einen, damit der Kopf etwas höher lag, zum anderen, damit uns die Pantinen nicht gestohlen wurden, wiewohl Holzpantinen bei Weitem nicht so begehrt waren wie die Schuhe in Auschwitz. Mit Wehmut dachte ich an meine guten Lederschuhe, die ich dort hatte zurücklassen müssen. Man hatte sie mir in den acht Monaten im Lager glücklicherweise nicht gestohlen, jetzt waren sie trotzdem weg, und ich lief, wie alle anderen, in hölzernen, auf der Oberseite mit Stoff bespannten Pantinen, die einem von den Füßen fielen, wenn man es versäumte, die Zehen darin zu spreizen. Was nicht nur anstrengend war, sondern sich bei der Arbeit in den folgenden Wochen auch als sehr gefährlich erweisen sollte. Die sanitären Anlagen waren primitiv und bestanden aus einem langen offenen Gebäude mit Plumpsklos. Waschen konnten wir uns in einer Waschbaracke.

Wenig später folgte der erste Zählappell durch einen SS-

Blockführer. Der Blockälteste meldete ihm die Zahl der angetretenen Häftlinge. Er war ein reichsdeutscher Häftling, ein Krimineller, wie die meisten Blockältesten. Sein Kommandogebrüll ähnelte dem, was wir schon zur Genüge kannten. Neu war nur der Zusatz: »Wenn ihr etwas findet, müsst ihr es abgeben, sonst werdet ihr erschossen!« Wir sollten bald verstehen, was es damit auf sich hatte.

Wir kamen ins Arbeitskommando Merckle. So hieß auch die Baufirma, die die Oberleitung über die Bauarbeiten im Lager hatte. Unsere Hauptaufgabe war es, Ziegelsteine aus zerstörten Mauern mit Spitzhacken herauszubrechen, mit speziell gezackten Hämmern von Mörtel zu befreien und wieder verwendungsfähig zu machen. Dabei balancierten wir in unseren klobigen Pantinen auf etwa 45 Zentimeter breiten Mauern – und das nicht selten mehrere Meter hoch. Wenn sich unter der Spitzhacke ein Ziegelstein schneller aus der Mauer löste, als man es erwartet hatte, konnte es leicht passieren, dass man das Gleichgewicht verlor und von der Mauer stürzte. Wenn man sich dabei ein Bein brach, war man ein Todeskandidat und wurde per Injektion getötet. Gaskammern gab es ja in Warschau nicht.

Ich hatte Glück und fiel nie von der Mauer. Auch verletzt habe ich mich nie ernsthaft, obwohl wir keine Handschuhe hatten und ich mehr als einmal mit blutigen Händen zurück in den Block kam. Allerdings arbeitete ich immer auch mit größter Vorsicht. Nur ein einziges Mal ließ ich es daran fehlen: als ich mich nämlich in einem der Abbruchhäuser hinter einen Kamin setzte, um eine kurze Pause zu machen – und dabei den Kapo übersah, der mich beobachtete. Er stürzte mit Gebrüll auf mich zu und schlug mich mit einer Dachlatte, die er vor mir auf dem Boden fand, zusammen. Wäre ihm ein Metallrohr in die Hände gefallen, hätte ich die Schläge vermutlich nicht überlebt.

Unsere Vorarbeiter waren zivile Polen, »Zivilmeister« genannt, die von der SS nach der Leistung des Kommandos bezahlt wurden. Da ihnen daran gelegen war, so viel wie möglich zu verdienen, trieben sie die Häftlinge, genau wie die Kapos, zu ständiger Eile an.

Immer wieder stießen die Arbeiter der Abbruchkommandos auf verborgene Schätze, vor allem in den Kellern, wo die Menschen sie vor der Zerstörung ihrer Häuser versteckt oder aber bei sich getragen hatten, wenn sie sich dort vor den Bombardements in Sicherheit zu bringen suchten. Meist waren es Geschirr, Besteck oder Porzellangegenstände. Das hatte der Lagerälteste gemeint, als er uns aufgefordert hatte, alles, was wir finden würden, abzuliefern. Dass man erschossen würde, wenn man es unterließe, war allerdings nur eine Drohung. Solange ich dort war, wurde jedenfalls niemand erschossen. Vielmehr blühte ein reger Tauschhandel zwischen den Häftlingen und den zivilen polnischen Vorarbeitern, in den auch die Funktionshäftlinge, ja sogar die SS involviert waren.

Ich selbst fand leider nichts von besonderem Wert, vor allem deshalb, weil ich nicht im Keller eingesetzt war. Nur einmal stieß ich auf ein Päckchen verschimmelter Graupen. In einer unbeobachteten Stunde wuschen wir sie, um sie vom Schimmel zu befreien, und kochten sie auf einer offenen Feuerstelle, die wir hinter einem Block errichtet hatten, in einer der rotbraunen Emailleschüsseln, die uns in Warschau, anders als in Auschwitz, wo wir Henkelbecher aus Blech hatten, als Essensnäpfe dienten. Die Graupen schmeckten nicht besonders, aber sie linderten für eine kurze Weile den konstanten Hunger.

Ein anderes Mal stieß ich auf fünf Leichen, die unter dem Schutt vergraben waren, zwei Erwachsene und drei Kinder. Sie waren offensichtlich unter den eingestürzten Mauern erstickt. Wir sprachen das Kaddisch und legten ihre Körper an die Lagerstraße, wo sie auf zweirädrige Handwagen aufgeladen und zum Verbrennungsort beim ehemaligen Judenrat gebracht wurden.

Edi wurde in das Kommando der Schuster eingeteilt. Das hatte den Vorteil, dass er unter Dach arbeiten konnte. Auch ich machte mir Gedanken, wie ich den nahen Winter bei der Arbeit im Freien in unzureichender Bekleidung überstehen sollte. Als

Anfang November in der Wäscherei Arbeiter gesucht wurden, meldete ich mich. Auf die Frage des Lagerführers, eines SS-Mannes namens Franz Mielenz, der im Lager aus mir unbekannten Gründen nur »Kappesbauer« genannt wurde, ob und wo ich zuvor in einer Wäscherei gearbeitet hätte, log ich kühn und gab Theresienstadt an. Ich vertraute darauf, dass das in Warschau niemand nachprüfen könnte.

Ich bekam die Stelle und freute mich, dass ich einen warmen Arbeitsplatz hatte. Allerdings musste ich jeden Tag gegen meinen Ekel ankämpfen, wenn es galt, die vollkommen verdreckte Wäsche zu sortieren und in die Kupferkessel zu füllen. Nicht nur starrte sie, oft monatelang getragen, geradezu vor Schmutz, sie war auch voller Läuse. Anders als in Auschwitz gab es davon in Warschau sehr viele. Sie waren in allen Lagern gefürchtet, denn sie stellten eine große Seuchengefahr dar, galten sie doch als die Überträger des Fleckfiebers. Tatsächlich dauerte es auch nicht lange, bis es im Lager ausbrach. Täglich sah ich Dutzende von Leichen vor den Blocks liegen: ausgemergelte Körper aus Haut und Knochen, die deutlich sichtbar schwarzbraune Flecken, die typischen Symptome des Fleckfiebers, aufwiesen. Da es kein Krematorium gab, wurden sie, wie alle übrigen »Abgänge«, auf einem großen Scheiterhaufen in der Nähe des zerstörten ehemaligen Judenrats verbrannt. Ich selbst habe diese Scheiterhaufen nicht gesehen, aber alle wussten davon.

Auch Edi, mein starker, bislang unverletzlicher Bruder, bekam heftige Bauch- und Muskelschmerzen, schließlich hohes Fieber, das tagelang anhielt – Fleckfieber. Die Chance, dass man die Krankheit überlebte, lag aufgrund der geschwächten Widerstandskraft der Häftlinge und des Mangels an Medikamenten normalerweise nahe bei null. Entsprechend groß war meine Sorge. Aber er hatte Glück: Ein norwegischer Medizinstudent, Robert Sawosnik, kümmerte sich um Edi. Auch Ernst Landau pflegte ihn, ein Journalist aus Wien, der sich mutig freiwillig als Pfleger gemeldet hatte.

Landau hatte zusammen mit dem brillanten Wiener Schauspieler und Allroundkünstler Herbert Scherzer – der sowohl Hauptdarsteller, Arrangeur und Regisseur wie auch Operettenbuffo, Komiker und Stepptänzer war und, wie Ernst Landau es später einmal formulierte, »ein reichhaltiges Programm an Texten, Melodien, Anekdoten und Witzen aus dem Ärmel schütteln konnte« – eine Kabarettgruppe im Lager gegründet. Die Mitglieder trafen sich an Sonntagen, um das Programm auszuarbeiten und zu proben, und luden eines Abends zur Premiere ein. Das Programm bestand aus Sketchen und Couplets und war vor allem dank Scherzers überragendem darstellerischen Talent von beachtlichem Niveau, begeistert beklatscht von SS-Angehörigen, Kapos und Funktionshäftlingen, die als geladene Lagerprominenz die ersten Reihen besetzten, sowie von den Lagerhäftlingen, sofern sie in dem überfüllten Block Einlass gefunden hatten. Die Vorstellung wurde fast jeden Sonntag wiederholt, der Zulauf war sehr groß, denn sie war eine willkommene Ablenkung von der Sklavenarbeit, die den trostlosen Alltag bestimmte.

Nach der Premierenvorstellung wurde zur Belohnung für die Künstler ein kleiner Kessel Suppe aus der Lagerküche gebracht. Die Künstler bedienten sich und nahmen sie in Schüsseln mit auf ihre Blocks. Auf der Lagerstraße traf ich – keineswegs ein Darsteller, aber dennoch hungrig – auf Ernst Landau, der seine Schüssel gerade gefüllt hatte. Ich kannte ihn nicht, aber ich wagte trotzdem, ihn anzusprechen und um etwas Suppe zu bitten.

»Hol dir deine Schüssel«, sagte er.

»Wartest du auch auf mich?«, fragte ich ihn.

»Selbstverständlich«, antwortete er.

Ich lief zu meiner Pritsche und holte die Schüssel. Als ich zurückkam, stand er tatsächlich noch immer da. Bereitwillig goss er einen Teil seiner Suppe in meinen Napf, gierig schüttete ich sie in mich hinein, nicht ohne ihm gerührt gedankt zu haben. Seine gütige Geste sollte der Beginn einer lebenslangen Freundschaft werden, die erst mit seinem Tod am 5. September 2000 endete.

Cesia

Nach zwei Wochen in der Wäscherei wurde diese geschlossen. Sie sei zu ineffizient, hieß es. Zu klein vielleicht, ich wusste es nicht. Wir hatten es uns längst abgewöhnt, nach Gründen zu fragen, denn Antworten bekamen wir ja ohnehin keine. Dennoch musste ich nicht ins Abbruchkommando zurück, sondern wurde für die Nachtschicht in einer anderen, größeren Wäscherei eingeteilt, die außerhalb des Ghettogeländes lag. Sie war von einem jüdischen Besitzer betrieben, dann von einem Deutschen namens Winter »arisiert« worden und hatte den Auftrag, die Wäsche für die SS und die in Warschau stationierte deutsche Wehrmacht, unter ihnen viele Luftwaffenangehörige, zu waschen. Achtzehn Häftlinge waren dafür zuständig, bewacht und angetrieben von einem Kapo mit grünem Winkel und seinem Stellvertreter, einem Holländer.

Anfangs arbeitete ich an der Waschmaschine, indem ich sie mit Wäsche und Seife füllte, später an der Zentrifuge, in der die Wäsche geschleudert wurde, bis sie fast trocken war und auf einer großen Bügelwalze gemangelt werden konnte – eine Aufgabe, die mir und einem sympathischen Berliner namens Martin Wellner zufiel. Wir legten die Laken, Kissen- und Bettbezüge auf die Walze, auf deren rückwärtiger Seite sie dann von anderen Häftlingen zusammengefaltet wurden. Zwei junge, zivile polnische Frauen, Genia und Cesia, achteten darauf, dass die »Partien« zusammenblieben, das heißt, dass die Wäsche wieder den Lagerabteilungen und Wehrmachtseinheiten zugeordnet wurde, die sie abgeliefert hatten.

Vor allem die Jüngere der beiden, Cesia, gefiel mir. Sie war zwanzig, drei Jahre jünger als ich, sehr schlank, sehr hübsch, sehr

Cesia

intelligent, mit hohen Wangenknochen und einer modischen Haartolle über der Stirn. Anders als die jungen Frauen, für die ich bislang geschwärmt hatte, war sie hellblond. Es kam mir allerdings vor, als sei das Blond nicht echt, sondern gebleicht, und auch die Tatsache, dass sie die Häftlinge so freundlich behandelte und ihnen hin und wieder Brot zwischen die Wäschestapel legte, machte mich stutzig. Auch wenn sie nicht so aussah, vermutete ich, dass sie eine untergetauchte Jüdin war, die mit »arischen« Papieren in Warschau lebte. Natürlich konnte ich sie nicht direkt danach fragen. Stattdessen erkundigte ich mich in einem unbeobachteten Augenblick nach ihren Eltern. Als ihr dabei die Tränen in die Augen traten, wusste ich, dass ich richtig vermutet hatte. Natürlich sagte ich den anderen Mithäftlingen nichts davon. Ich wollte Cesia ja nicht in Gefahr bringen, umso weniger, als ich ihr zutiefst dankbar dafür war, dass sie mir eine Ahnung davon zurückgab, dass im Leben noch etwas anderes existierte als Dreck und Fleckfieber, Typhus und Tod. Ich weiß

129

nicht mehr, ob ich es mir eingestand, dass ich mich in sie verliebt hatte. Aber selbst wenn es so gewesen sein sollte, beließ ich es dabei. Eine falsche Geste, ein falsches Wort konnte lebensgefährlich sein.

Damit die Häftlinge des Wäschereikommandos auf der kurzen Wegstrecke zwischen Lager und Wäscherei nicht fliehen konnten, wurden sie abends von zwei volksdeutschen SS-Leuten in die Wäscherei und morgens nach der Arbeit wieder ins Lager zurückbegleitet. Sie stammten beide aus Kroatien, hießen Schießler und Weber und waren harmlose Leute, die sich uns gegenüber menschlich verhielten. Während der Arbeit warteten sie außerhalb des Arbeitsraumes auf uns, das Gewehr auf den Knien. Dabei interessierte sich Schießler weit mehr für die Tochter der Wäschereileiterin als für die zu bewachenden Häftlinge. Weber wiederum war ein tiefreligiöser Bauernsohn. Eines Tages sprach er mit mir über Jesus. »Ihr Juden seid doch so gescheit«, sagte er. »Wie war das eigentlich mit Jesus?« – »Jesus predigte, dass man nur Gutes tun solle«, antwortete ich ihm. Erschrocken fragte er mich, ob er denn nicht gut zu uns sei. Aus Sorge um seinen Seelenfrieden beruhigte ich ihn.

SS-Leute wie ihn gab es allerdings wenige. Zu diesen Ausnahmen gehörte auch ein 18-jähriger Blockführer, der uns ganz besonders anzuschreien pflegte. Eines Sonntags begegnete ich ihm auf dem Lagergelände und er befahl mir in seinem üblichen lauten und schneidenden Ton, zu ihm zu kommen. Ich tat wie geheißen, als er plötzlich leise zu mir sagte: »Sagen Sie Ihren Kameraden, dass ich nicht freiwillig zur SS gegangen bin. Dass ich mit jüdischen Kindern in Berlin aufgewachsen und mit ihnen befreundet gewesen bin. Ich habe noch nie einen Häftling geschlagen und ich werde es auch nicht tun. Wenn ich brülle, tue ich das, damit man mich nicht für unfähig hält und meines Postens enthebt.«

Mein Herz hüpfte vor Freude. Das Geständnis des Blockführers war für mich wie ein Geschenk, größer als jede zusätzliche Brotration es hätte sein können. Er sah Menschen in uns, die er akzeptierte, ja respektierte und die er nicht, wie die meisten anderen, demütigen wollte! Es war eine der wenigen guten Erfahrungen im Lager.

Eines Tages kaufte ich für eine Schüssel Suppe von einem Häftling einige eng beschriebene lose Blätter, die er in einer Ruine gefunden und mir gezeigt hatte. Sie waren in ordentlicher Schrift in polnischer Sprache beschrieben und ganz offensichtlich Teil des Tagebuchs aus den letzten Ghettotagen eines jungen Mädchens, das sich in einem Keller vor der SS versteckt hatte, bis es schließlich doch gefunden wurde. Immer wieder war darin von Hunger und Angst die Rede, ehe es abrupt mit den Sätzen endete: »Sie kommen! Sie kommen!«

Auch wenn ich die polnische Sprache damals noch nicht sehr gut beherrschte, verstand ich doch, worum es sich handelte, und nahm die Blätter in der Absicht an mich, sie als Dokumentation für später aufzuheben. Von einem Mithäftling, der beide Sprachen sprach, ließ ich sie ins Deutsche übersetzen. Von der Übersetzung schmuggelte ich jeden Tag einige Blätter aus dem Lager in die Wäscherei und gab sie Cesia mit der Bitte, sie einem Museum zu übergeben. Sie versprach es. In den Wirren des Krieges sind sie, wie ich später erfuhr, dennoch verschwunden.

Cesia war eine außerordentlich mutige junge Frau, deren Eltern aus dem Ghetto nach Treblinka deportiert und in der Gaskammer umgekommen waren. Mit den Papieren eines christlichen Bauernmädchens lebte sie in einer Dreizimmerwohnung in der Sienastraße 45 im Herzen von Warschau. Dort versteckte sie während des Krieges sechs Juden. Zwei von ihnen schlossen sich im August 1944 dem Aufstand der Polen gegen die deutsche Wehrmacht an und wurden dabei erschossen. Um ihre Flüchtlinge zu schützen, erzählte Cesia den Bewohnern des Mietshauses, dass sie an Tuberkulose litt, weshalb man ihre Nähe und ihre Wohnung mied. Außerdem betete sie jeden Abend wie die anderen Frauen des Hauses vor einer Muttergottesfigur im Hof dafür, dass das Haus nicht bombardiert würde. So gelang es ihr, keinen Verdacht zu wecken und als Jüdin enttarnt zu werden.

Einmal in der Woche kam, begleitet von einem SS-Wachmann, ein jüdischer Häftling aus Saloniki, Saul Senor, mit einem Fuhrwerk zur Wäscherei, um die Schmutzwäsche der SS abzuliefern und frische Wäsche zu holen. Zusammen mit anderen griechischen Juden gehörte er zu den Ersten, die nach der Zerstörung des Warschauer Ghettos dorthin gebracht worden waren, um es in ein Konzentrationslager zu verwandeln. Er war ein liebenswürdiger, unglaublich gutaussehender und hochgebildeter junger Mann, der sich Paul nannte und von Beruf Rechtsanwalt war. Ihm galt Cesias besondere Aufmerksamkeit. Sie verliebte sich in ihn und schrieb ihm Briefe in französischer Sprache, die er beantwortete.

Sie erklärte sich bereit, ihm zur Flucht zu verhelfen und ihn ebenfalls in ihrer Wohnung zu verstecken. Dafür besorgte sie Zivilkleidung für ihn, die er am Tag der Flucht unter seiner Häftlingsuniform trug, während er auf eine Gelegenheit wartete davonzulaufen. Offenbar wartete er nicht lange genug: Als er sich von der Wäscherei entfernte und im Begriff war, sich seiner Häftlingskleidung zu entledigen, wurde er von einer Frau beobachtet, die bei seinem Anblick laut aufschrie und so die Aufmerksamkeit eines Luftwaffenoffiziers auf ihn lenkte. Paul rannte davon, aber der Offizier gab mehrere Schüsse auf ihn ab und traf ihn ins Gesäß. Er fiel zu Boden – die Flucht war zu Ende. Man brachte ihn in den Krankenbau. Als er wieder laufen konnte, befahl die Lagerleitung seinen Tod durch Erhängen. Die Häftlinge mussten der Hinrichtung beiwohnen. Als Galgen diente ein Gerüst an der Lagerstraße, an dem sonst die Glocke hing, mit der morgens das Signal zum Wecken sowie das Signal für das Schlafengehen um 21 Uhr gegeben wurden. Für die Hinrichtung hatte man die Glocke entfernt und unter dem Balken einen Schemel aufgestellt. Paul bestieg ihn, die Schlinge wurde um seinen Hals gelegt. Ich sah noch, wie Pauls Bruder Isaac, der ebenfalls gezwungen worden war zuzusehen, zusammenbrach. Dann schloss ich die Augen.

Das gelbe Hochzeitskleid

Eines Tages war Wäsche aus der Wäscherei verschwunden. Die Häftlinge wurden verdächtigt. Zu Recht: Aus Frankreich deportierte Polen hatten entdeckt, dass die Kiste, in der unsere Mitternachtsessensrationen transportiert wurden, einen doppelten Boden hatte, und darin Laken aus der Wäscherei geschmuggelt, um sie gegen Essen zu tauschen. Man fand die Täter zwar nicht, aber das Wäschereikommando wurde abgelöst und durch ein anderes ersetzt.

Es ging auf den Winter zu, und ich hoffte inständig, nicht wieder im Baukommando arbeiten zu müssen. Also meldete ich mich, als eine Hilfe für das Lagerschreibbüro gesucht wurde. Außer mir bewarben sich noch 16 andere, meine Chancen schienen daher nicht allzu groß. Als der Lagerführer allerdings fragte, wer stenografieren könne, schrumpfte die Zahl der Bewerber auf zwei. Schließlich blieb nur ich übrig, denn mein Konkurrent hatte »fotografieren« verstanden und wurde abgelehnt. Tatsächlich musste ich während meiner Tätigkeit in der Schreibstube nicht ein einziges Wort stenografieren: Der Lagerführer hatte lediglich sicherstellen wollen, dass der Bewerber auch für Büroarbeit qualifiziert war.

Meine Aufgabe in den nächsten Monaten war es, Karteikarten anzulegen und zu führen, das heißt, Neuzugänge aufzunehmen und »Abgänge« zu registrieren. Anders als in Auschwitz wurden in Warschau die Nummern verstorbener Häftlinge neu vergeben, sodass die Zahl darüber hinwegtäuschte, wie viele Menschen im Lager lebten beziehungsweise bereits umgekommen waren.

Eines Tages befahl mir der Oberscharführer Mielenz, ihm

eine Liste mit allen Häftlingen vorzulegen, die Leon hießen. Es gab nur einen, und ich kannte ihn gut. Er hieß Leon Halpern und war Medizinstudent, ein sehr hilfsbereiter Mithäftling. Ich musste den Befehl ausführen, aber ich suchte und fand eine Gelegenheit, ihn zu warnen, damit er sich auf seine Aussagen und die zu erwartende Strafe vorbereiten konnte. Das Delikt, weshalb er von Mielenz gesucht wurde, war, dass er unerlaubterweise einen Brief an seine nichtjüdische Ehefrau in Prag geschmuggelt und um die Übersendung eines Pakets an einen polnischen Zivilarbeiter gebeten hatte, der es an ihn weitergeben sollte. Die Frau beging den Fehler, dem Paket einen Brief beizulegen, der mit der Anrede »Lieber Leon« begann, während der offizielle Adressat einen ganz anderen Vornamen hatte. Leon musste sich über den Prügelbock legen und wurde dafür in Anwesenheit anderer Häftlinge mit fünfzig Hieben mit dem Ochsenziemer bestraft. Trotzdem schützte er den Polen, der ihm erlaubt hatte, ihn als Adressaten zu benutzen, indem er behauptete, er habe auf eigene Faust und ohne dessen Wissen geschrieben.

Auch ich selbst habe einmal ein Kassiber aus dem Lager geschmuggelt: einen Brief an meine katholische Schwägerin Maria, die uneheliche Tochter meines Schwiegervaters Dr. Alfred Bock und die Halbschwester meiner Frau Eva. Ich wusste, dass Eva ihr ein goldenes Kettchen sowie ein Armband zur Aufbewahrung gegeben hatte, ein Geschenk meiner Mutter zu unserer Hochzeit, das mir zum Tauschen geeignet erschien. Unter dem Namen des Tierpflegers Willy, eines nichtjüdischen Kriminellen mit grünem Winkel, der die Schweine fütterte, die auf dem Lagergelände gehalten und für die Küche der SS geschlachtet wurden, schrieb ich ihr eine verschlüsselte Botschaft, in der ich sie bat, mir geschlossene Holzschuhe, etwas Marmelade und »das gelbe Hochzeitskleid von Eva« zu schicken. Der Brief wurde von Willy aus dem Lager geschmuggelt. Auch wenn er auf diese Weise der Zensur entging, schien es mir doch sicherer, meine Bitte zu verschlüsseln, schon um den Tierpfleger vor einer möglichen Bestrafung zu schützen. Dabei hoffte ich inständig, Maria würde mich verstehen. Und tatsächlich: Sie verstand! Vier Wochen später brachte mir Willy ein Paket. Es enthielt ein Paar geschlossene Holzschuhe mit Oberleder, Socken, Traubenzucker und ein Glas Marmelade, darin Evas Armband und Kettchen. Ich wollte Willy etwas von der Marmelade abgeben, aber er war stolz und wollte nichts. Es war das einzige Paket, das ich im Lager bekam. Dabei machte ich die Erfahrung, dass auch kriminelle Häftlinge ein gutes Herz haben können.

Gebracht hat mir der Schmuck leider nicht allzu viel. Der zivile polnische Arbeiter, den ich bat, ihn gegen Brot zu verkaufen, behauptete, man habe ihn gefilzt und ihm alles abgenommen. »Aus Mitleid« gab er mir dennoch etwas Brot dafür, allerdings nur einen Wecken. Vermutlich hat er mich betrogen.

Zu meiner Arbeit in der Schreibstube gehörte unter anderem die Vorbereitung von Paketen mit den sterblichen Überresten arischer Toter, wenn deren Familien um die Übersendung gebeten hatten. Zu diesem Zweck stand eine Holzkiste in einer Ecke des Büros, die mit Asche vom Verbrennungsplatz gefüllt war. Bei entsprechender Anfrage füllte ich ein paar kleine Schaufeln davon in ein Sperrholzkästchen, das die Lagerleitung dann verschickte. Dass es sich nicht um die individuelle Asche ihres Toten handelte, erfuhren die Angehörigen natürlich nicht.

Dieses zweifelhafte Privileg bezog sich, wie gesagt, nur auf arische Familien. Für Juden galt es nicht. Aber jüdische Familien, an die man Pakete hätte schicken können, gab es in Europa ja ohnehin kaum mehr.

Am Morgen des 27. Juli 1944 gab es den üblichen Appell. Danach bekamen wir eine dreifache Ration Brot sowie, absolut unüblich, eine Dose Fleisch aus den Beständen der SS – Proviant für unsere Evakuierung aus dem Lager. Es war das erste Mal, dass man uns Fleisch zuteilte. Leider war es sehr salzig, sodass wir großen Durst davon bekamen. Das war schlimm, denn wir hatten ja nichts zu trinken.

Diejenigen, die nicht mehr laufen konnten, wurden auf einen

Lastwagen geladen – es war ein »Opel Blitz« – und blieben zurück. Dass sie einfach erschossen wurden, wussten wir nicht, aber wir ahnten, dass ihnen nichts Gutes bevorstand, erinnerten wir uns doch an die Kranken und Schwachen, die in Auschwitz auf Lastwagen geladen worden und nie mehr zurückgekommen waren. Zumal uns der Wagen später überholte – leer.

Auch uns fiel das Gehen zunehmend schwerer. Wir waren schwach und bis auf die Knochen abgemagert und hatten Mühe, größere Strecken in den schweren Holzpantinen zu laufen, noch dazu in dem Tempo, das die Begleitwachen – mit erheblich besserer Konstitution und in weitaus besseren Schuhen – vorgaben. Aber wir hatten keine andere Wahl. Die Alternative war der Tod. Und noch immer stand für Edi und mich fest: Er *war* keine Alternative. Nicht für uns. Seit eineinhalb Jahren waren wir ununterbrochen damit konfrontiert, wir lebten, arbeiteten, aßen, tranken, schliefen, litten und fürchteten uns in der allgegenwärtigen Angst davor. Und hofften trotzdem noch immer zu überleben. Noch immer hatten wir offensichtlich die Kraft dazu. Aber sie war es nicht allein, die uns gerettet hat. Wir hatten, im Gegensatz zu den meisten anderen, auch großes Glück.

Am Abend hielten wir an einer Wiese, auf der wir übernachteten. Unter uns waren jüdische Bauern aus Ungarn, die uns sagten, dass es hier Wasser geben müsse, da die Wiese feucht war, obwohl es tagelang nicht geregnet hatte. Wir gruben mit unseren Löffeln in die Erde. Nach 30 bis 40 Zentimetern stießen wir tatsächlich auf Wasser und tranken es – erdig, wie es war. Wir waren überglücklich, dass wir unseren Durst endlich ein wenig stillen konnten. Durst ist sehr viel schlimmer als Hunger, diese Erfahrung hatten wir schon mehrmals gemacht. Nachdem wir getrunken hatten, sprachen wir ein Dankgebet. Ein Offizier, der uns sah, schüttelte den Kopf und sagte nur: »Diese Juden!«

Ein anderes Mal übernachteten wir bei Regen in einem lichten Laubwald. Ich grub, wiederum mit meinem Löffel, eine kleine Rinne rings um mich herum, wie ich es bei den Pfadfindern gelernt hatte, sodass das Wasser um mich herumfloss und mich weniger von der Seite und von unten durchnässte. Dass es auf meinen Kopf regnete, störte mich nicht, im Gegenteil: Ich lag auf der Erde, hielt mein Gesicht dem Regen hin und fing mit offenem Mund die Regentropfen auf. Es war ein wunderbares und zugleich tröstliches Gefühl. Minutenlang war ich glücklich. Nach 120 Kilometern erreichten wir Kutno. Dort verlud man uns in Güterwaggons, immer rund neunzig Häftlinge in einen Waggon. Ein Gang für zwei SS-Wachen in der Mitte, so breit wie die Schiebetür des Wagens, musste frei bleiben. Es war Hochsommer, sehr heiß, und es gab viel zu wenig Platz für die vielen Häftlinge, sodass die schwächeren unter ihnen erstickten. Sie lehnten an der Wand oder lagen auf der Erde, lebendig, halbtot, tot. Niemand konnte ihnen helfen, niemand kümmerte sich um sie. Das Einzige, was man in dieser Situation tun konnte, war, darauf zu achten, dass man sich selbst nicht in der Mitte, sondern einigermaßen am Rand aufhielt, um nicht ebenfalls erdrückt zu werden. Es gab nur einen einzigen Eimer für die Notdurft, der natürlich nicht ausreichte und überlief. Es stank schrecklich nach Kot und Urin. Zu trinken hatten wir nichts. Viele stöhnten vor Durst, andere, weil sie Schmerzen hatten, wieder andere aus Verzweiflung. Es war nicht auszumachen. Die meisten Sterbenden dagegen starben lautlos.

Nur die SS hatte Wasser, trank es ungerührt aus Feldflaschen vor unseren Augen. An einer Station riss ein Häftling eine goldene Brücke aus seiner Zahnprothese und gab sie einer der SS-Wachen für etwas Wasser. Der Mann nahm die Brücke und brachte ihm tatsächlich etwas zu trinken.

Nicht einmal Edi wagte eine Prognose, was mit uns geschehen würde. Wir klammerten uns, wie schon zuvor, lediglich an die Hoffnung, dass man uns als Arbeitskräfte brauchen würde – was auch der Fall war. Der Krieg war damals im Begriff, eine für die Deutschen negative Wendung zu nehmen. Wenn überhaupt, konnte sie nur durch eine radikale Intensivierung der Rüstung aufgehalten werden. Die Arbeitskräfte, die dringend dafür benötigt wurden, waren aber nicht vorhanden, sondern entweder gefallen oder aber an der Front. Deshalb wurden, wie ich heute weiß, auf Anordnung Himmlers mehr und mehr Häftlinge aus den Konzentrationslagern in der Rüstungsindustrie beschäftigt. Aus demselben Grund wurden im November 1944 auch die Vergasungen eingestellt.

Dachau

Am 27. Juli 1944 waren wir in Warschau aufgebrochen. Nach neun Tagen und knapp 1200 Kilometern erreichten wir unser Ziel: das Konzentrationslager Dachau. Wir fuhren mit dem Zug direkt bis vors Tor und stiegen aus den Waggons. Es war Nacht. Wieder sahen wir uns von hohen Mauern mit Stacheldraht umgeben, von SS-Leuten in Wachtürmen beobachtet. Mehr als 3900 Häftlinge hatten den Transport überlebt. Wie viele in Warschau zurückgeblieben und wie viele während der Evakuierung umgekommen sind, weiß ich nicht. Wie schon weiter vorn möchte ich auch hier einige Erläuterungen einfügen, die nicht meinem damaligen, sondern meinem heutigen Erkenntnisstand entsprechen, mir jedoch für das allgemeine Verständnis wichtig erscheinen.

Dachau war das größte nationalsozialistische Lager in Süddeutschland und das erste Lager überhaupt. Hier waren schon in den dreißiger Jahren unliebsame Personen wie Regimekritiker, Regimegegner und solche, die man dafür hielt, eingewiesen worden. Deshalb war die Lagerbelegung in Dachau im Vergleich zu Auschwitz, wo sie zu 90 Prozent aus Juden bestand, auch sehr gemischt. Waren in Dachau ursprünglich nur politische Häftlinge untergebracht gewesen, so kamen vor allem im Jahr 1944 jüdische dazu, die nach dreiwöchiger Quarantäne in Außenlager geschickt wurden. Dabei waren die Positionen der Funktionshäftlinge bis hin zu den Blockältesten meist von »Politischen« besetzt und Ton und Atmosphäre im Lager nach wie vor von ihnen bestimmt. Das war ein Vorteil, denn anders als die oft kriminellen Funktionshäftlinge in anderen Lagern waren sie bis auf wenige Ausnahmen solidarisch mit den Häftlingen. Aber nicht nur der Anteil an Regimekritikern, sondern auch an Sozialdemokraten, Kommunisten und Gewerkschaftsfunktionären war in Dachau ungleich höher als in anderen Lagern. Auch wurden in den letzten Kriegsjahren sämtliche Priester aus den NS-Lagern nach Dachau gebracht. Wie alle Häftlinge in Dachau durften sie Pakete bekommen – die in ihrem Fall nicht nur von Familienangehörigen, sondern auch von Mitgliedern ihrer Pfarrgemeinde geschickt wurden. Sie waren somit besser versorgt als die meisten anderen und gaben vieles an ihre Mithäftlinge ab. Der Tauschhandel im Lager blühte.

Das ursprüngliche Lager Dachau wurde im Jahre 1937 durch ein neues, größeres, besser gesichertes Lager ersetzt: 583 Meter lang, 278 Meter breit, von hohen Mauern umgeben, die oben mit einem vierfachen, elektrisch geladenen Zaun gesichert waren. Damit nicht genug, verlief auf ihrer Innenseite ein weiterer elektrisch geladener Stacheldrahtzaun. Anders als in Auschwitz konnte man jedoch in Dachau nicht einfach in den Zaun hineinlaufen, wie ich es dort einmal erwogen hatte. Man hätte zuvor einen drei Meter breiten Streifen, die sogenannte »neutrale Zone«, durchlaufen müssen, die zu betreten streng verboten und immer im Blickfeld der Wachen war. (Wer sie dennoch betrat, wurde ohne Vorwarnung erschossen.) Dahinter befand sich ein 2,5 Meter breiter und 2 Meter tiefer Graben, der ebenfalls unter Beobachtung der mit schweren Maschinengewehren ausgerüsteten Wachen stand: Von diesen Wachen gab es insgesamt vierzehn, zwei in jedem der sieben Wachtürme in der Außenmauer.

Dennoch war die Selbstmordrate in Dachau sehr hoch. Man musste nur in die Postenkette – die Kette der Wachposten außerhalb des Lagers – laufen. Hier wurde man mit Sicherheit erschossen. Im Totenschein stand dann für gewöhnlich die Bemerkung »Herzversagen« oder »Auf der Flucht erschossen«, was statistisch die Flüchtigenquote in Dachau im Vergleich zu anderen Lagern hob. Tatsächlich dürfte es sich jedoch weniger um Flüchtige als um Selbstmörder gehandelt haben, die in den Statistiken aber natürlich nicht als solche ausgewiesen wurden. Wie in Auschwitz wurden auch in Dachau medizinische Versuche an Häftlingen durchgeführt, so zum Beispiel von Dr. Claus Schilling, einem Tropenmediziner vom Robert-Koch-Institut in Berlin, der in der Zeit von 1942 bis 1945 über 1100 Häftlinge mit Malaria infizierte. Die meisten stammten aus der Strafabteilung, unter ihnen polnische Geistliche sowie Russen und Italiener. Auch in der Flugmedizin wurde experimentiert: Häftlinge wurden extremen Druckverhältnissen ausgesetzt mit dem Ziel, die Arbeitsfähigkeit in großen Höhen und bei Druckabfall zu testen. Eine andere Station führte Experimente mit Kampfgasen durch, eine weitere testete die Reaktionen von Menschen bei extremer Kälte. Dafür wurden Häftlinge im Winter nackt auf Tragen festgeschnallt, ins Freie gebracht und immer wieder mit kaltem Wasser übergossen: so lange, bis die Testpersonen erfroren waren.

Rings um Dachau herum gab es eine Reihe von privaten Zulieferbetrieben für die NS-Rüstungsindustrie, die den Nachschub an Kriegsmaterial produzierten, unter ihnen BMW und Messerschmitt. Die dafür nötigen Fabrikhallen wurden von Baufirmen wie Leonhard Moll, Sager & Woerner oder Polensky & Zöllner errichtet. Hier arbeiteten die Häftlinge anstelle der deutschen Arbeiter, die an der Front kämpften oder bereits gefallen waren.

Bevor man das Lager Dachau erreichte, passierte man die Gebäude der SS-Kasernen und danach das große Eingangstor im Westen. Wie in Auschwitz las man darin in Schmiedeeisen die Worte »Arbeit macht frei«. Daran hatte sich offensichtlich der Lagerkommandant von Auschwitz, Rudolf Höß, orientiert, als er das dortige Lager errichten und denselben zynischen Spruch über dem Tor anbringen ließ. Er sollte vermutlich nach außen signalisieren, dass es sich nicht um ein Konzentrations-, sondern um ein Arbeitslager handelte, in dem die Gefangenen Arbeit als nützliche »Therapie« verrichteten. Zugleich sollte er wohl auch den Häftlingen suggerieren, dass der Lohn für gute Arbeit ihre Freiheit sei. Auch Edi und ich hatten dies ja in Auschwitz zunächst geglaubt. Und wenn wir auch bald erfahren hatten, dass Arbeit keineswegs mit Freiheit belohnt wurde, so war und blieb doch unsere Arbeitsfähigkeit die einzige Qualifikation für die Aussicht auf Weiterleben.

Hinter dem Tor erstreckten sich auf der rechten Seite die Wirtschaftsgebäude mit der Küche, den Duschen, der Wäscherei, den Lagerräumen, der Effektenkammer, in der die persönlichen Habseligkeiten der Häftlinge bis zu ihrer eventuellen Entlassung aufbewahrt wurden, und den Lagerwerkstätten, dahinter war der »Bunker«, das Lagergefängnis mit 136 Zellen. Gegenüber den Wirtschaftsgebäuden standen in zwei Reihen 34 lange, ebenerdige Baracken, von denen 30 der Unterbringung der Häftlinge dienten. Dazwischen lag der riesige Appellplatz.

Wir wurden zum Duschen geschickt und desinfiziert und bekamen wieder einmal neue Nummern. Für mich war es die letzte Nummer meines Lebens: 87 098. Mein erster Eindruck war, dass man hier vielleicht überleben könnte, weil alles sehr sauber und ordentlich war. Ich war bereit, es für ein gutes Zeichen zu halten, zumal ich wusste, dass in Dachau die »Politischen« das Sagen hatten.

Meine Hoffnungen bestätigten sich schon am ersten Tag. Man brauchte im Lager jemanden, der Schreibmaschine schreiben konnte. Ich meldete mich und musste noch am selben Abend eine neue Kartei anlegen und viele Stunden lang Listen mit Häftlingsnamen tippen. Mitten in der Nacht kam der Lagerschreiber, ein politischer Häftling aus Österreich, und brachte mir eine Schale mit Grießbrei aus der Diätküche. Ich habe nie verstanden, wie die Einrichtung einer Diätküche mit der im Lager üblichen Behandlung zu vereinbaren war. Der süße Brei schmeckte mir wie Ambrosia. Ich hatte während meiner ganzen Lagerzeit nichts Köstlicheres gegessen.

Auch die allgemeine Verpflegung war in Dachau besser als

bisher. Das lag unter anderem daran, dass sich einige Firmen, für die die Häftlinge arbeiteten, bei der Lagerleitung für eine Zusatzverpflegung einsetzten. Sie taten es weniger aus humanitären als aus materiellen Gründen: weil Häftlinge, die schlecht ernährt wurden, nicht die erwartete Leistung brachten. Deshalb wurden am Mittag große Kessel mit Suppe oder Eintopf auf die Kommandos gebracht. Am Abend gab es Brot, manchmal Margarine, Rübenmarmelade und ab und zu ein bisschen wässrige Wurst. Die hatten wir in Auschwitz nur am Freitag bekommen und auch dann nur eine Scheibe davon.

Die Behandlung durch die politischen Kapos in Dachau war besser als die durch die kriminellen, die wir zuvor erfahren hatten. Sie brüllten zwar genauso, aber sie schlugen nur selten – mit Ausnahme des Kapos meines Bruders, Christoph Knoll, der zwar ein Kommunist, also ein Politischer mit rotem Winkel, aber dennoch ein Sadist war: Er hat viele Häftlinge eigenhändig erschlagen. Nach dem Krieg wollte er Bürgermeister von Nürnberg werden – ehe er als Kriegsverbrecher hingerichtet wurde.

Es gab auch ein Bordell in Dachau. Wir wussten davon, es sprach sich natürlich herum. Es hieß, die Prostituierten seien Häftlinge aus dem Konzentrationslager Ravensbrück. Später habe ich erfahren, dass – arische – Funktionshäftlinge durch besondere Leistung, die vermutlich in besonderer Grausamkeit bestand, einen Bordell-Bonus bekommen konnten. Obwohl, wie nicht anders zu erwarten, der Entzug jeglicher Sexualität ein Thema im Lager war, funktionierte das Bonussystem nicht: Es gab andere Prioritäten. Das Bordell erwies sich als untaugliche »Belohnung« und wurde noch vor Kriegsende wieder geschlossen.

Vom Kriegsverlauf selbst wussten wir auch in Dachau nichts. Allerdings merkten wir am Verhalten der SS, dass es damit nicht zum Besten stand. Sie war weniger brutal als zuvor und schien auch die Kapos zu weniger Brutalität anzuhalten – vermutlich aus Furcht, dass die Aussagen der Häftlinge sie nach einem verlorenen Krieg in Schwierigkeiten bringen würden. In gewissem

Sinn schienen sie sogar Angst vor uns zu haben – grotesk genug. Sicherlich war auch das einer der Gründe, weshalb die Lager bei Kriegsende aufgelöst und die Häftlinge umgebracht wurden – eine Aktion, durch die gleich zwei Fliegen mit einer Klappe geschlagen werden konnten: die jüdische Rasse so effizient wie möglich auszurotten und alle Zeugen zu beseitigen.

Leider blieben Edi und ich nur während der dreiwöchigen Quarantäne im Stammlager Dachau. Danach wurden wir ins fünf Kilometer entfernte Außenlager O. T. Karlsfeld-Allach verlegt. O. T. stand für Organisation Todt, eine NS-Bauorganisation, die den Namen ihres Leiters, Fritz Todt, trug und für die Rüstungsindustrie arbeitete. Edi kam ins Kommando Gleisbau Karlsfeld, das an der Ausbesserung von Gleisanlagen arbeitete, ich ins Kommando Sager & Woerner, das für die gleichnamige Baufirma im Auftrag des NS-Regimes Montagehallen für BMW baute, in denen Flugzeugmotoren produziert und repariert wurden.

Hatten uns im Stammlager die Ordnung und Sauberkeit positiv überrascht, so waren die Lebensumstände in Karlsfeld wie in vielen Außenlagern rings um Dachau meist erbärmlich, die hygienischen Verhältnisse katastrophal.

Die gewohnt zackige Begrüßungsrede des Lagerältesten endete mit dem Hinweis: »Ihr seid alte Hasen und wisst, der wichtigste Grundsatz ist: Nur nicht auffallen!« Mit anderen Worten: um keinen Preis die Aufmerksamkeit der SS auf sich lenken. In der Tat kannten wir dieses Gebot zur Genüge. Manch einer unter uns hatte schon bitter für die geringfügigste Missachtung dieser Grundregel bezahlt.

Nach dem Morgenappell marschierten wir, begleitet von SS-Wachen, zu unserer Arbeitsstelle. Dabei mussten wir die Münchner Straße in Ludwigsfeld bei Karlsfeld überqueren. Damit der Verkehr nicht aufgehalten wurde, war sie mit einem hölzernen Übergang überbrückt worden, der sich anschließende Weg rechts und links von Maschendraht gesäumt. Im Laufschritt liefen wir über die Brücke und durch die Umzäunung – wie die Raubtiere im Zirkus in die Manege. Die Arbeit selbst war Schwerstarbeit. Zu dritt mussten wir schwere Eisenbündel auf den Schultern schleppen, einer vorne, einer in der Mitte und einer hinten. Dabei hatten wir keinen Schulterschutz, sodass das Eisen auf Haut und Knochen scheuerte und Wunden verursachte, die nicht verheilten. Nur einmal hatte ich einen »leichteren« Job: als ich zusammen mit einem anderen Häftling Leichen auf einem von einem Muli gezogenen Fuhrwerk von Karlsfeld nach Dachau zur Leichenkammer bringen musste, von wo aus sie ins Krematorium gebracht wurden. Es kostete uns große Überwindung, die armen, ausgemergelten Körper auf den Wagen zu heben und mit ihnen über die Landstraße zu fahren. Kurz vor Dachau hob der Wind die Decke, mit der wir sie zugedeckt hatten – gerade in dem Augenblick, als eine Gruppe von Frauen vorbeiging. Wir beeilten uns, die Decke wieder zu befestigen. Dennoch blieben die Frauen stehen und schauten uns mit vor Schreck erstarrten Gesichtern nach.

An meinen Kapo in Karlsfeld erinnere ich mich nicht. Wohl aber an einen sadistischen Hauptscharführer namens Jäntzsch, der einen bissigen Schäferhund hatte, den er, einfach so, auf die Häftlinge hetzte und dabei zusah, wie dieser sich in ihnen verbiss. Erst wenn das Opfer blutete, pflegte er den Hund wieder zu sich zu rufen.

Im Januar 1945 wurde Edis Kommando nach Mettenheim bei Mühldorf am Inn verlegt. Dort sollte eine Flugzeugfabrik – drei Stockwerke über der Erde, drei Stockwerke unter der Erde – für den Düsenjäger Messerschmitt 262 errichtet werden. Ich blieb, zum ersten Mal von Edi getrennt und zutiefst niedergeschlagen, in Karlsfeld zurück, verzweifelt, dass man uns auseinandergerissen hatte. Ich brauchte ihn: Er hatte mir nicht nur mehrmals das Leben gerettet, er verkörperte für mich auch während der gesamten Lagerzeit die einzige Hoffnung, dass wir überleben würden.

Am 22. Februar 1945 wurde auch mein Kommando dem Lager

Mettenheim überstellt. Als Edi am Abend von seinem Arbeitseinsatz zurückkam, wartete ich schon vor seinem Block auf ihn. Wir fielen uns in die Arme. Allerdings war dieses Glück schon bald erneut gefährdet. Wenig später brach nämlich Fleckfieber im Lager aus. Auch ich selbst wurde infiziert und zeigte alsbald die gefürchteten Symptome der gefährlichen Seuche: hohes Fieber sowie heftige Kopf- und Gliederschmerzen. Eines Tages kam der Befehl, die Fleckfieberbaracke in Mettenheim zu leeren und die Kranken nach Kaufering zu schicken. Die elf Lager Kaufering I–XI in der Nähe von Landsberg gehörten zu den über 100 Nebenlagern von Dachau und waren, wie Mettenheim, für die Produktion des Düsenflugzeugs Messerschmitt 262 vorgesehen. Da die Fleckfieberkranken, die dorthin abgeschoben wurden, weder ärztlich noch medikamentös versorgt wurden, galt der dortige Krankenbau als Sterbeblock. Wäre ich wirklich nach Kaufering gekommen, wäre es sicherlich mein Ende gewesen.

Glücklicherweise erfuhr Edi rechtzeitig vom Befehl zur Verlegung. Er beschwor den SS-Lagerführer, Sebastian Eberl, mich in Mettenheim zu lassen:

»Herr Kommandant«, sagte er, bemüht, ihm zu schmeicheln, denn Eberl war keineswegs Kommandant, »ich habe meine ganze Familie verloren, bitte schicken Sie meinen Bruder nicht fort.«

Eberl war bekannt für seine Brutalität gegenüber den Häftlingen. Deshalb rechnete Edi sich keine großen Chancen aus. Andererseits hatte sich, wie schon erwähnt, während der letzten Monate das Verhalten der SS-Angehörigen aufgrund des negativen Kriegsverlaufs erheblich geändert. Sie begannen zu fürchten, dass sie nach einem verlorenen Krieg für ihre Taten zur Verantwortung gezogen werden würden. Deshalb sammelten sie, wie Eberl, von einem gewissen Zeitpunkt an »Pluspunkte«, die dieser sich von den Häftlingen sogar schriftlich bestätigen ließ und später, im Kriegsverbrecherprozess gegen ihn, dem US-Tribunal vorlegte. Das Unerwartete geschah: Eberl erlaubte, dass ich in Mettenheim blieb, und rettete damit mein Leben. Nach dem Krieg wurde bekannt, dass im »Sterbeblock« Kaufering 80 Prozent aller Häftlinge gestorben sind. Dennoch schwebte ich auch in Mettenheim in Lebensgefahr. Zwei Wochen lang delirierte ich im Fieberwahn und fiel sogar einmal in der Nacht von meiner Pritsche. Da es die oberste war, brach ich mir dabei einige Rippen.

An einen meiner Fieberträume erinnere ich mich bis heute. Ich träumte, ich schwämme in einem engen Kanal. Rings um mich war es dunkel, nur in der Ferne sah ich eine helle Öffnung, auf die ich mit aller Kraft zusteuerte. Schließlich erreichte ich sie – und sah, dass sie vergittert war.

Am 26. April wurde das Lager Mettenheim evakuiert. Da die Bahngleise bis ans Lager reichten, bestiegen wir noch dort die bereitgestellten Güterwaggons. Es war dieselbe Prozedur wie bei der Evakuierung aus Kutno, nur war es weniger heiß, es war ja auch früher im Jahr. Mich hatte Edi, unterstützt von Ernst Landau, der, wie wir, von Warschau nach Mettenheim gekommen war, direkt vom Krankenbau zum Waggon geführt und dort in den Wagen gehoben. Ich war von der mehrwöchigen Krankheit noch sehr geschwächt, und meine gebrochenen Rippen schmerzten. Von Mettenheim aus fuhren wir einige Tage durch Oberbayern. Wie üblich kannten wir auch diesmal das Ziel unserer Reise nicht, anders als zuvor hatten wir jedoch den Eindruck, dass auch unsere Bewacher es nicht kannten. In Poing, etwa 20 Kilometer östlich von München, blieb der Zug wegen eines Defekts der Lokomotive direkt vor dem Bahnhofsgebäude stehen, als er plötzlich von alliierten Tieffliegern beschossen wurde. Die SS-Wachen sprangen aus dem Zug und rannten auf der Suche nach Deckung ins Gelände. Erst als ein paar Häftlinge ihre gestreiften Jacken und Mäntel auf das Dach des Zuges warfen, weil sie hofften, dass die Piloten sie sehen und erkennen würden, drehten die Flieger ab. Wir wussten nicht, was geschehen war und wie wir die Flucht der Wachen deuten sollten. War der Krieg zu Ende?

Unter Aufbietung aller Kräfte ließ ich mich aus dem Waggon auf die Erde hinunter und entdeckte auf dem Nachbargleis einen getarnten Militärtransport mit Flieger-Abwehrkanonen, der vermutlich das Ziel des Angriffs gewesen war. Mit unsicheren Schritten schleppte ich mich eine kleine Anhöhe hinauf, bis ich zu einer Straße kam. Dort traf ich auf einen Wehrmachtsoffizier in einem VW-Kübelwagen und fragte ihn, ob der Krieg zu Ende sei. Er verneinte und forderte mich auf, zum Zug zurückzukehren. Ich gehorchte und bemerkte, dass auch viele andere Häftlinge den Zug verlassen hatten, während die Wachen in der Zwischenzeit wieder zurückgekommen waren und über die Köpfe der Häftlinge schossen, um sie in die Waggons zurückzutreiben. Ich selbst bekam ein paar schmerzhafte Stöße mit dem Gewehrkolben in die angeschlagenen Rippen, weil ich nicht schnell genug in den Wagen hinaufklettern konnte.

Im Bahnhof zurück blieb die blutüberströmte Leiche eines Mithäftlings, den ich gut kannte. Er war ein jüdischer Ingenieur aus Prag, der aus politischen Gründen inhaftiert gewesen war und fünf lange Lagerjahre ertragen hatte. Nun war er kurz vor Kriegsende von einem Bordgeschoss aus einem der Flugzeuge getötet worden. Ein sinnloser Tod mehr.

Wir sind frei

Zurückgekehrt in die Waggons, fuhren wir noch einen weiteren Tag durch Oberbayern, ehe der Zug einen Kilometer vor dem Bahnhof Tutzing am Starnberger See hielt. Es war der 30. April 1945. Wir hörten, wie die Riegel unseres Waggons von außen weggeschoben und die schweren Türen geöffnet wurden. In dem immer breiter werdenden hellen Spalt sahen wir Soldaten in amerikanischer Uniform. Diesmal war es Gewissheit: Wir waren frei.

Ich weinte vor Freude. Vermutlich auch, weil die Anspannung endlich nachließ. Und weil ich an meine Familienangehörigen dachte, die diesen Augenblick nicht mehr erleben konnten. Ich versuchte, aus dem Wagen herauszukommen. Aber ich war zu schwach, fast ein Skelett. Ich wog, wie die Ärzte am nächsten Tag feststellten, mit meinen 25 Jahren bei einer Körpergröße von 1,71 m nur noch 47 Kilogramm.

Eine weitere Nacht verbrachten wir noch im Zug, da zunächst eine Unterkunft für uns geschaffen werden musste. Am nächsten Tag wurden wir in der ehemaligen »Reichsschule«, einer NSDAP-Eliteschule, in Feldafing untergebracht, die besonders Geschwächten in einem provisorischen Krankensaal. Vor dem Duschen wurden wir ein letztes Mal desinfiziert. Danach bekam ich einen Schlafanzug. Ein ehemaliger Wehrmachtsarzt, er hieß Dr. Rossipal und stammte aus Neutitschein, wies mir ein Feldbett zu. Es war ein wunderbares Gefühl, wieder in einem richtigen Bett mit einem richtigen Kopfkissen, einer richtigen Decke und frischer Bettwäsche zu liegen. Und entspannt einzuschlafen, ohne die Angst vor dem morgendlichen Kommando »Alle Juden bleiben nach dem Appell stehen!«, das der Selektion immer vorausgegangen war und uns in unsere Träume verfolgt hatte. Zum ersten Mal bekamen wir auch wieder richtiges Essen wie Fleisch, Geflügel, Obst und Gemüse, allerdings immer nur in kleinen Rationen – damit wir uns langsam wieder an normale Kost gewöhnen konnten. Neun Tage später, am 8. Mai 1945, wurde die Kapitulation des nationalsozialistischen Regimes bekanntgegeben. Der Albtraum war endgültig vorüber.

Ich erholte mich erstaunlich schnell und richtete mich vorsichtig in der neuen Freiheit ein. Es war ein ganz und gar wunderbares Gefühl. Eines, das man nicht kennt, solange man in Freiheit lebt und sie für selbstverständlich hält. Und das einem erst bewusst wird, wenn man sie verloren hat.

Vier Wochen lang blieb ich in Feldafing in einem US-Camp für »Displaced Persons«, in dem, wie in vielen ähnlichen Lagern in Deutschland, unfreiwillige Emigranten – die meisten von ihnen KZ-Häftlinge oder Zwangsarbeiter aus anderen Ländern – betreut wurden: Entwurzelte wie wir, die von den Alliierten, die ihnen bei der Repatriierung halfen, nach und nach wieder in ihre Heimat zurückgeführt wurden.

Da ich Auto fahren konnte, beauftragte der Lagerkommandant, Oberleutnant Irving Smith, im Privatleben Anwalt in Chicago, Ernst Landau und mich, in der Umgebung nach versteckten Lebensmittellagern zu suchen, und stellte uns dafür eine entsprechende Vollmacht aus. Die reichste Beute machten wir in Pöcking, wo wir neben der Villa eines renommierten Münchner Feinkosthändlers eine ganze Scheune voll von Delikatessen fanden. Der Mann erlaubte uns, unseren Wagen, einen »Opel Blitz«, vollzuladen, ließ sich jedoch den Erhalt der Waren von Ernst quittieren. Monate später stellte er ihm dafür 60 000 Reichsmark in Rechnung, die glücklicherweise vom »American Joint Distribution Committee«, einer amerikanisch-jüdischen Wohlfahrtsorganisation mit Sitz in New York, beglichen wurde.

Der Umgang mit der Bevölkerung, der wir auf der Straße begegneten, war auf beiden Seiten von großer Scheu geprägt. Die Menschen hatten offensichtliche Berührungsängste vor den kahlköpfigen, ausgemergelten Gestalten aus dem Lager. Sie baten uns nicht in ihre Häuser. Aber ab und zu reichten sie einem von uns einen Teller Suppe aus dem Fenster.

Wenn man jung ist, regeneriert sich der Körper erstaunlich schnell. Vier Wochen nach der Befreiung fühlte ich mich kräftig genug, um mit Edi in unsere Heimat zurückzukehren. Dabei rief die Vorstellung, was uns erwarten würde, gemischte Gefühle in uns hervor. Wir wussten, dass wir in der Heimat nicht einfach an unsere Vergangenheit anknüpfen konnten. Dass nicht nur unsere Eltern und Geschwister ermordet worden, sondern auch die meisten anderen, die wir gekannt hatten, umgekommen waren. Dass, wenn überhaupt jemand, vermutlich nur jüngere Menschen überlebt hatten. Es konnte gar nicht anders sein – und dennoch fürchteten wir uns vor der Gewissheit.

Die Trauer über den Verlust unserer Angehörigen überwältigte uns während unserer allmählichen Rückkehr in die Normalität immer wieder schmerzhaft. Immer wieder wünschten wir uns, dass sie doch auch überlebt hätten und dass alles nur ein böser Traum gewesen wäre. Was uns darüber hinaus nicht minder beschäftigte und bedrückte, waren das Entsetzen und die Enttäuschung darüber, dass Menschen gerade aus einem so kultivierten Land wie Deutschland, das wir immer bewundert hatten, weil es so viele Künstler, Wissenschaftler und Humanisten hervorgebracht hatte, in der Lage gewesen waren, die ungeheuerlichen Verbrechen an anderen Menschen zu begehen, die wir erlebt hatten. Es war uns noch immer unbegreiflich, wie das, was geschehen war, hatte geschehen können. Eines jedenfalls stand für mich fest: dass ich Deutschland so schnell wie möglich verlassen und nie wieder deutschen Boden betreten würde. Das Trauma war zu groß – wie groß, war mir zu dem damaligen Zeitpunkt noch nicht einmal bewusst.

Schon zu Beginn unserer Zeit in Freiheit hatten wir Kleider aus NS-Wehrmachtsbeständen bekommen, Unterwäsche, Socken, Stiefel, ein Hemd, eine Hose, eine Jacke, alles zusammengewürfelt, aber wenigstens nicht mehr gestreift. Ausgestattet mit einem provisorischen Ausweis von der amerikanischen Besatzungsbehörde in Feldafing und einer Art Empfehlungsschreiben, das uns als ehemalige KZ-Häftlinge auswies und dazu dienen sollte, dass uns etwaige alliierte Kontrolleure unterstützten, sowie ein paar Reichsmark als Reisegeld, machten Edi und ich uns am 28. Mai 1945 in einer von den Amerikanern beschlagnahmten und uns überlassenen Mercedes-Cabrio-Limousine V 170, Baujahr 1939, auf die Reise in Richtung Osten. Mit uns fuhren drei Freunde, Pepa Brammer, Edith Grünberger und Piri Weiß, die ebenfalls aus der Tschechoslowakei stammten.

An der bayerisch-böhmischen Grenze ging uns das Benzin aus. Auf einen Hinweis der US-Grenzposten fanden wir schließlich Nachschub in einem Wald, in dem ein Panzer mit gefülltem Tank von der deutschen Wehrmacht zurückgelassen worden war. In Pilsen konnten wir den Wagen dann in einem US-Depot auftanken und bekamen darüber hinaus einen gefüllten Reservekanister mit auf die Reise, sodass wir bis zu unserem Ziel mit Sprit versorgt waren. Wenig später erreichten wir das von der Sowjetunion kontrollierte Besatzungsgebiet. Man hatte uns schon gewarnt, dass die Sowjets scharf auf Uhren und Stiefel seien. Nun: Meine Uhr und meine Stiefel hatte ich in Auschwitz lassen müssen. Als Ersatz für die Holzpantinen, in denen ich in Feldafing angekommen war, hatte man mir dort allerdings ein Paar feine lederne Wehrmachtsstiefel gegeben. Ein russischer Grenzsoldat forderte mich trotz meines Protestes auf, sie auszuziehen, und nahm sie mir kurzerhand ab. Es blieb mir nichts übrig, als in Socken weiterzufahren. In Prag meldeten wir uns beim Roten Kreuz, wo wir mit Reisegeld, Verpflegung und Schuhen ausgestattet wurden. Einen Tag später erreichten wir Neutitschein, nicht ohne zuvor unsere Freunde an ihren verschiedenen Zielorten abgesetzt zu haben.

Es war ein warmer Sommertag, die Sonne schien, der Himmel war hoch und blau, und in den Blumenkästen vor den Fenstern blühten die Geranien, ganz wie früher. Auf den ersten Blick hatte

Edi und Max Mannheimer, 1945

sich die Stadt nicht verändert. Sie war immer noch die hübsche
Provinzstadt mit ihren schönen alten Fassaden und dem großen
Marktplatz, die wir zurückgelassen hatten. Dennoch war sie
uns ganz und gar fremd geworden. Unsere Vergangenheit war
daraus verschwunden. Bedrückt gingen wir durch die Straßen,
vorbei an den Häusern, in denen die Lilienthals, die Kupfer-
manns, die Bermanns und all die anderen gewohnt hatten, und
lasen die fremden Namen auf den Klingelschildern.

Auch die Straße, in der unser Haus stand, hieß anders, nämlich Hoblíkova statt Mühlgasse: Die Stadtverwaltung hatte die
deutschen Spuren sehr schnell beseitigt. Wir hatten Glück, dass
unsere Wohnung nicht wie viele andere in der Zwischenzeit ver-
einnahmt worden war. Die Räume waren leer, auch das Lager
für die Lebensmittel, das vor unserem Umzug nach Ungarisch
Brod geräumt worden war. Nur der Geruch, der meine Kindheit
begleitet hatte, war immer noch da. Die Tränen stiegen mir in
die Augen. Ich versuchte, wieder einmal, sie vor Edi zu verbergen. Wir sprachen nicht über das, was uns bewegte. Ich wusste,

dass er dasselbe dachte und fühlte wie ich. Wir konnten uns nicht entschließen, uns in unserer Wohnung einzuquartieren, die Erinnerungen waren zu schmerzlich.

Dennoch: Irgendwo mussten wir wohnen. Schließlich entschieden wir uns, ein Stockwerk höher, in den zweiten Stock unseres Hauses, zu ziehen, wo es eine leerstehende Dreizimmerwohnung gab. Dabei erfuhren wir, dass uns das Haus offiziell gar nicht mehr gehörte, sondern mittlerweile im Grundbuch der Stadt Neutitschein als Eigentum des Deutschen Reiches eingetragen worden war. Die Stadtverwaltung betrachtete sich als dessen Nachfolger – und verlangte sogar Miete von uns. Wir waren empört und beschlossen, die Miete nicht zu bezahlen. Schließlich ließ die Verwaltung es dabei bewenden und verzichtete darauf, ihre Forderung einzutreiben oder uns gar aus dem elterlichen Haus hinauszuwerfen.

Fritzi

Kurz darauf besuchte ich Oldrich Pabiš, einen früheren Mitschüler und Freund, mit dem ich im Fußballverein gespielt hatte. Er war von der Stadt als Treuhänder in einem Obst- und Gemüsegroßhandel eingesetzt worden, den ein Südtiroler Gemüsehändler namens Richter während des Krieges in einem »arisierten« jüdischen Haus am Neutitscheiner Niedertor eröffnet hatte. Im Büro arbeitete eine junge Frau, die mir sehr gefiel. Sie war mittelgroß und schlank, hatte braune Haare, blaugrüne Augen, eine schmale Nase und slawisch anmutende hohe Backenknochen. Ich nahm an, dass sie eine Tschechin war, da sie fließend Tschechisch sprach.

»Fräulein«, sagte ich auf Tschechisch zu ihr, »haben Sie Bananen?« Wohl wissend, dass es etwas derart Exotisches kurz nach Kriegsende nicht gab. Sie lachte. Natürlich hatte sie keine Bananen.

Es stellte sich heraus, dass sie Elfriede Eiselt hieß, Fritzi genannt wurde und eine Sudetendeutsche aus Alt-Ehrenberg bei Rumburg war. Aufgewachsen war sie in Odrau. Der Vater, ein gelernter Bäcker, hatte es zum technischen Leiter einer Großbäckerei, schließlich zum Vizebürgermeister der Stadt gebracht. Seit 1936 wohnte die Familie in Neutitschein. Die Eltern waren Sozialdemokraten, und auch sie selbst war überzeugte Sozialdemokratin und schon als junges Mädchen Mitglied im sozialdemokratischen Arbeiter-Turn- und Sportverein gewesen. Schon während ihrer Schulzeit hatte sie mehrfach große Zivilcourage bewiesen, als sie ihren jüdischen Deutsch- und Französischlehrer, Richard Bermann, gegen die Diffamierungen ihrer nationalsozialistischen Mitschüler verteidigt hatte. Auch weigerte sie sich, ebenso wie ihre Schwester Trude, dem »Bund deutscher Mädel«, BDM genannt, beizutreten, der das Pendant zur »Hitlerjugend« war, der nur Jungs angehörten.

Ihre politische Einstellung blieb nicht ungestraft: Nach der Besetzung des Sudetenlandes durch das NS-Regime im Oktober 1938 wurde Fritzi des Gymnasiums verwiesen und musste mit 16 Jahren die Schule abbrechen. Im Rahmen eines »Pflichtjahres«, das sie, wie alle jungen Mädchen im Dritten Reich, in der Land- und Hauswirtschaft absolvierte, wurde sie nach Ostpreußen geschickt, wo sie, aufgrund eines Herzfehlers für schwere körperliche Arbeit ungeeignet, in Königsberg im Büro arbeitete und Feldpost sortierte.

Nach Hause zurückgekehrt, wurde sie durch das Arbeitsamt als Bürokraft in jenem Obst- und Gemüsegroßhandel verpflichtet, in dem ich sie kennenlernte. Während des Krieges belieferte das Unternehmen ein Kriegsgefangenenlager in Seitendorf bei Fulnek, achtzehn Kilometer nördlich von Neutitschein, für das, unter Aufsicht eines Wehrmachtsangehörigen, einmal wöchentlich zwei britische Gefangene Gemüse für die Lagerküche abholten. Ihnen übergab Fritzi geheime Kassiber mit BBC-Nachrichten, die sie heimlich abgehört und aufgezeichnet, sowie Skizzen über die militärische Lage, die sie aufgrund der Radiomeldungen angefertigt hatte. Die Kriegsgefangenen waren ja im Lager komplett von der Außenwelt abgeschnitten und begierig auf jede Information über den Verlauf des Krieges, mit dem ihr Schicksal so eng verbunden war.

Ich bewunderte Fritzi für ihre Haltung und ihren Mut, denn ihre »Kollaboration mit dem Feind« hätte sie leicht das Leben kosten können. Ganz abgesehen davon, dass ich sie hübsch und freundlich, intelligent und sympathisch, kurzum: ungeheuer anziehend fand. Dass sie Deutsche war, hätte mich eigentlich irritieren müssen. Schließlich hatte ich ja mit allem, was deutsch war, endgültig abgeschlossen. Dennoch war ich auf dem besten Wege, mich in eine Deutsche zu verlieben. Andererseits war Fritzi der beste Beweis dafür, dass es auch andere Deutsche gab:

solche, die wie sie in ihrem ganz privaten Widerstand gegen die Nazis ihr Leben riskiert hatten. Sie war immer auf meiner Seite gewesen, lange bevor wir uns trafen – auf der Seite der Opfer.

Wir sprachen immer wieder über dieses Thema. Dabei erklärte mir Fritzi, dass Deutschland nach allem, was geschehen war, hervorragende Chancen hätte, eine Demokratie zu werden. Ich konnte nicht viel dagegen einwenden. Sie war politisch viel informierter als ich. Außerdem war ich verliebt und schon deshalb geneigt, ihr zu glauben.

Oldrich bot mir eine Anstellung in der Gemüsegroßhandlung an, die ich gerne akzeptierte. Er tat es aus reiner Freundschaft, denn er verlangte kaum eine Leistung von mir, da er fand, dass ich in den letzten 27 Monaten mehr als genug gearbeitet hätte. Doch ich wollte nicht einfach nur herumsitzen, sondern etwas tun. Und in Büroarbeit hatte ich schließlich Erfahrung. Deshalb unterstützte ich Fritzi darin, die Korrespondenz zu führen, Rechnungen zu schreiben und dergleichen mehr. Die Arbeit lenkte mich von meinen Gedanken an das Vergangene ab und gab mir eine Struktur. Das alles umso mehr, als sie in Fritzis Nähe stattfand. Was hinter mir lag, versuchte ich zu verdrängen. Nur meine Träume holten mich immer wieder ein. So träumte ich, wie Hauptscharführer Jäntzsch seinen Schäferhund auf die Häftlinge gehetzt und zugelassen hatte, dass er sie halbtot biss. Blutige Träume, die immer wiederkehrten, obwohl ich selbst nie gebissen worden war. Manchmal schrie ich auch vor Angst im Schlaf. Fritzi beruhigte mich dann, so gut sie konnte.

Ich weiß nicht, ob man einfach beschließen kann, glücklich zu sein. Wir beschlossen es jedenfalls, und für eine Weile waren wir es auch. Fritzi zog zu mir und Edi in die ehemalige Mühlgasse. Genau genommen zu mir, Edi und Piri Weiß, einer jüdischen Karpatho-Ukrainerin, die wir in Feldafing kennengelernt und mit auf die Reise nach Neutitschein genommen hatten. Seither war sie Edis Freundin. Kurz darauf wurde auf unserer Etage eine

Wohnung frei, die lange Jahre von einem Sparkassendirektor bewohnt worden war und nun von Fritzis Eltern übernommen wurde – allerdings nur für wenige Monate, da sie nach Westdeutschland übersiedeln wollten. Für sie, wie für alle Deutschen in der Tschechoslowakei, war das Leben schwer geworden, da alles Deutsche, inklusive der Sprache, verpönt war. Sie, die zuvor den Ton im Lande angegeben hatten, waren plötzlich zu Menschen zweiter Klasse degradiert. Schon am 12. Mai 1945, also vier Tage nach Kriegsende, hatte der tschechoslowakische Präsident Beneš, der den Krieg im Londoner Exil verbracht hatte, verkündet, dass er gegen die Deutschen in der Tschechoslowakei vorgehen werde. Viele Tschechen betrachteten dies – Monate vor der offiziellen Vertreibung der Deutschen durch die tschechoslowakische Regierung – als Aufforderung, sich auf ihre Weise an den Deutschen zu rächen. Sie vertrieben sie aus ihren Häusern, misshandelten oder töteten sie auch, was die staatlichen Stellen nicht nur duldeten, sondern sogar unterstützten. Im Dezember 1945 machte die tschechoslowakische Regierung ihre Androhung wahr und begann mit der Vertreibung von drei Millionen Deutschen aus ihrer Heimat, dem Sudetenland, wo die meisten seit Generationen ansässig gewesen waren. In übervolle Güterzüge ohne Sitzgelegenheiten gepfercht und mangelhaft verpflegt, wurden sie nach Deutschland transportiert. Ihrer Häuser und ihrer Habe bemächtigte sich der tschechoslowakische Staat.

Lediglich den Deutschen, die während der Nazizeit Antifaschisten gewesen waren, wurde es freigestellt, ob sie das Land verlassen wollten oder nicht. Zu denen, die sich freiwillig für die Aussiedlung entschieden, gehörte die Familie Eiselt. Als Sozialdemokraten und Regimegegner waren sie eigentlich auch berechtigt, ihren gesamten Hausrat mitzunehmen. Dennoch bekamen sie eines Tages eine Mitteilung des Landratsamts in Neutitschein, dass sie ihr Gepäck auf 50 Kilogramm pro Kopf beschränken müssten, eine Regelung, wie sie später nur für die Zwangsausgesiedelten gelten sollte. Ich empfand den Amtsbescheid als schikanös und machte mich auf den Weg ins Innenministerium nach Prag. Dort wies ich mich als Überlebender von fünf Konzentrationslagern aus und trug einem Beamten meine Bitte vor, eine andere Verfügung des Landrats zu erwirken. Der Mann versicherte mir, dass er sich darum kümmern werde, verwies aber zugleich darauf, dass es lange dauern könne, da die Telefonverbindungen schlecht funktionierten. Meinem Naturell entsprechend erwiderte ich ihm ungeduldig, dass ich sein Büro nicht verlassen würde, ehe er nicht mit dem Landrat gesprochen hätte. Und tatsächlich: Ich erreichte, dass nicht nur die Eltern meiner Freundin Fritzi, sondern weitere dreißig antifaschistische Neutitscheiner Familien ihr gesamtes Hab und Gut mitnehmen konnten. Sie verließen das Land im September 1946 in einem sogenannten »Antifa-[schisten]Transport«.

Zu diesem Zeitpunkt war Fritzi hochschwanger. Dennoch wollte auch sie nach Deutschland ausreisen. Allerdings verschob sie auf Anraten ihres Arztes die Reise, um zunächst die Geburt des Kindes in Neutitschein abzuwarten. Das bedeutete, dass sie nicht, wie ihre Eltern, auf der offiziellen Liste der freiwilligen Aussiedler stand, sondern einen anderen Weg über die Grenze nach Deutschland finden musste.

Was mich betraf, so fiel es mir sehr schwer, mich zu entscheiden. Schließlich war es nicht nur meine Vergangenheit, die mich zögern ließ, Fritzi zu folgen, sondern auch die Verbundenheit mit meinem Bruder Edi, die zum ersten Mal in unserem Leben einer Belastungsprobe ausgesetzt war. Waren wir bislang ein Herz und eine Seele gewesen, so missbilligte er nun meine Verbindung mit Fritzi – aus all den Gründen, die auch ich ins Feld geführt hätte, wenn ich Fritzi nicht geliebt hätte. Aber es kam noch etwas anderes hinzu: Während ich meinen Glauben verloren hatte, war Edi gläubig geblieben und absolut dagegen, dass ich eine nichtjüdische Frau heirate. Glücklicherweise verstand Fritzi meine Unentschlossenheit und akzeptierte den Zwiespalt, in dem ich mich, hin- und hergerissen zwischen meiner Liebe, meiner Vergangenheit und den Erwartungen meines Bruders, befand. Sie drängte mich mit keinem Wort, sie zu begleiten, sondern überließ die Entscheidung einzig und allein mir.

Am 13. September 1946 kam unsere Tochter zur Welt. Wir waren überglücklich und nannten sie nach meiner in Auschwitz ermordeten Frau: Eva. Sechs Wochen später beschloss Fritzi, ihren Eltern, die im unterfränkischen Segnitz untergekommen waren, zu folgen. Ich wollte sie und das Kind bis zur böhmisch-bayerischen Grenze begleiten, und Edi erbot sich, uns in unserem Mercedes zum Bahnhof an der Hauptstrecke Zauchtel, zehn Kilometer von Neutitschein entfernt, zu chauffieren. Ich hatte ihm fest versprochen, auf alle Fälle zurückzukommen, und ihn sogar gebeten, mir für ein paar Tage seine Brieftasche zu leihen und die meine in der Zwischenzeit reparieren zu lassen. Andererseits hatte ich meinen Schwiegereltern schon vor Monaten einen Teil meiner Garderobe mitgegeben. Nichts beweist besser, in welchem Konflikt ich mich befand.

In Taus, kurz vor der deutschen Grenze, übernachteten Fritzi, Eva und ich in einem Hotel. Das Zimmer hatte die Sozialdemokratische Partei besorgt, die auch ein Büro im Hotel unterhielt und ausreisewilligen Parteifreunden behilflich war, indem sie sich am Grenzübergang um Unterkunft und Papiere kümmerte. Nicht nur Fritzi war der Partei seit langem verbunden, auch ich selbst war unter ihrem Einfluss einige Monate zuvor eingetreten: Ich hatte beschlossen, ein politisch interessierter Mensch zu werden – damit das, was meinem ahnungslosen Vater und seiner Generation widerfahren war, nie mehr geschehen konnte.

Im Hotel wickelte ich zum ersten Mal meine Tochter und wusch ihre Windel. Dabei wurde mir plötzlich klar, dass ich mit diesem Kind nicht nur Vater geworden war, sondern auch, dass ich eine Verantwortung hatte. Dass ich es nicht einfach in die Welt hinausschicken und sich selbst überlassen konnte. Ich weiß nicht, warum ich darüber nicht vorher nachgedacht hatte und es mir ausgerechnet jetzt einfiel. Dennoch wusste ich mit einem Mal, dass es keine Alternative gab und mein Platz bei meiner

Familie war. Auch, wenn es bedeutete, ins Land der Täter zurückzukehren.

Noch in Taus schrieb ich Edi einen Brief. Ich informierte ihn, dass ich mich entschieden hatte mitzugehen. Viel mehr gab es nicht zu sagen. Er hat meine Entscheidung zur Kenntnis genommen – die ich im Übrigen nie bereut habe.

Unsere Ausreise gestaltete sich schwieriger als die meiner Schwiegereltern, hatten wir doch die Möglichkeit nicht wahrgenommen, uns dem offiziellen Transport anzuschließen, mit dem die übrigen Neutitscheiner Antifaschisten ausgereist waren. Jetzt konnten wir nur noch versuchen, auf illegale Weise über die Grenze zu gelangen. Außer uns gab es noch eine Reihe anderer »Nachzügler« aus verschiedenen Gebieten der Tschechoslowakei, die ebenfalls im Hotel untergebracht waren. Wir bestiegen einen leeren Güterwagen, der offiziell als Waggon mit Kartoffeln deklariert und Teil eines offiziellen »Antifa-Transports« war. Darin sollten wir nach Bayern eingeschleust werden.

Wir verließen das Hotel gegen Mittag. Ein tschechischer Dienstmann transportierte unsere Koffer zum Bahnhof, ich schob den Kinderwagen. Als ich den Zug bestieg, fragte er mich, ob ich tatsächlich Deutscher sei, da ich perfekt tschechisch spräche. Aus Angst, dass er unsere Abreise behindern könnte, gab ich ihm die 1500 Kronen, die ich bei mir hatte – eine Summe, die dem Monatsgehalt eines Angestellten entsprach –, damit er uns nicht verriete. Die Ordner wiesen uns an, uns im Wagen vollkommen still zu verhalten und den Babys die Flasche oder die Brust zu geben, damit auch nicht der mindeste Laut aus dem Kartoffelwaggon dränge. Dann schlossen sich die Türen hinter uns. Wir erschraken zu Tode, als diese kurz vor der Abfahrt noch einmal überraschend geöffnet wurden und ein tschechischer Kontrollbeamter vor uns stand. Er hielt uns jedoch offenbar für legale Aussiedler und fragte routinemäßig in die Runde, ob irgendjemand noch tschechisches Geld bei sich hätte, da es verboten war, es auszuführen. Wir verneinten unisono und waren erleichtert, als sich der Zug endlich in Bewegung setzte.

Mehr noch, als er nach einer halben Stunde sein Ziel, die Bahnstation von Furth im Wald, in der Nähe der oberpfälzischen Stadt Cham, erreichte.

Unweit des Bahnhofs befand sich das Auffanglager für die Vertriebenen. In einer der Baracken wurden uns zwei Betten in einem Stockbett zugeteilt, das mich natürlich sofort an meine Lagerzeit erinnerte. Immerhin wusste ich aus Erfahrung, dass die oberen Betten die besseren waren, weil einem nichts aus den darüberliegenden ins Gesicht rieseln konnte. Also belegte ich zwei der oberen Betten für Fritzi und mich. Eva, die in einem Fußsack aus Pelz steckte, den Fritzi von Freunden in Neutitschein geschenkt bekommen hatte, legten wir zwischen uns. Der Kinderwagen stand neben dem Bettgestell. Wir bekamen auch Verpflegung, alles war sehr gut organisiert. Dennoch verließen wir das Lager schon gegen vier Uhr am Morgen. Anders als die meisten anderen, die mehr oder minder ins Ungewisse gereist waren, hatten wir ein festes Ziel: Fritzis Eltern in Segnitz.

Segnitz, ein wohlhabendes kleines Dorf mit schönen Fachwerkhäusern, malerisch in den Weinbergen am Ufer des Mains zwischen Würzburg und Kitzingen gelegen, wurde vor dem Krieg von einigen jüdischen Familien bewohnt, von denen die meisten schon seit Jahrhunderten hier lebten. Es gab sogar eine Synagoge, doch wurde sie nicht mehr benutzt, weil ich nach dem Krieg der einzige jüdische Bewohner des Ortes war. Ich registrierte es betroffen, wie immer, wenn ich an das Schicksal der jüdischen Opfer erinnert wurde. Auch die Tatsache, dass es in Marktbreit, einem kleinen Ort auf der anderen Mainseite, eine Glaubensgenossin gab – ein Fräulein Reis, die Theresienstadt überlebt hatte und ein kleines Kino ihr eigen nannte –, änderte daran nichts.

Ursache seines Reichtums waren neben den Weinbergen die großen Gewächshäuser von Segnitz. Darin wurde Frühgemüse wie Rettiche, Tomaten, Blumenkohl, Kartoffeln und Sellerie gezogen. Da es damals noch keine Importe aus südlichen Ländern oder aus Übersee gab, die die Saison-Ernten vorwegnehmen, war das Gemüse sehr begehrt und wurde teuer bezahlt.

Das Frühgemüse war auch der Grund, weshalb die Segnitzer Gemüsegärtner nach dem Krieg nicht nur weniger hungerten als der Rest der Bevölkerung, sondern ihr Dorf auch zur Anlaufstelle ausgedehnter »Hamstertouren« wurde, wie sie die hungrigen Städter in ganz Deutschland aufs Land unternahmen. Dabei wurde auf dem Schwarzmarkt so mancher Teppich, manches Klavier und manche Halskette gegen ein Pfund Butter oder einen Sack Kartoffeln getauscht. Das mag nicht immer ein gerechter Wertausgleich gewesen sein, aber wenn man hungert, ändern sich die Maßstäbe. Straßennamen gab es in Segnitz nicht, nur Nummern für die Häuser. Die Eltern Eiselt waren von der Gemeinde in einer Zweizimmerwohnung im Hause 143 in der Dorfmitte einquartiert worden. Außer von ihnen wurde es noch von der Hausbesitzerin, Frau Rückert, samt Tochter und deren Familie bewohnt. Frau Rückert war eine herzensgute Frau, die den wildfremden Eindringlingen nicht übelzunehmen schien, dass sie ihr Haus mit ihnen teilen musste, sondern uns sogar zuweilen Eier und andere Lebensmittel schenkte.

Hier kamen wir also in der Dämmerung an, erschöpft von der langen Zugfahrt im eiskalten Waggon, der weder Heizung noch Fensterscheiben hatte und lediglich mit Brettern gegen die Zugluft abgedichtet war. Vor der Abfahrt in Furth im Wald hatte ich ahnungslos zwei Fahrkarten erster Klasse verlangt. »Wir sind froh, dass wir überhaupt Züge haben«, hatte mich der Schalterbeamte halb verwundert, halb belustigt beschieden. Das waren wir, trotz der ungemütlichen Fahrt, dann schließlich auch. In Segnitz wurden wir von Fritzis Eltern freudig begrüßt, ganz besonders ich – mit dessen Ankunft niemand gerechnet hatte. Lange noch saßen wir an diesem Abend in der warmen Küche und tauschten die Erlebnisse der letzten Wochen aus. Dass die Küche warm war, war übrigens keineswegs selbstverständlich, denn mochte es in den Häusern auch Herde oder Öfen geben, so gab es dennoch kaum Heizmaterial, sodass man in den meisten

Räumen fror. Das galt auch für das Zimmer, das Fritzi und mir in der Nähe der Eiselt'schen Wohnung zugewiesen worden war. Da uns darin erbärmlich kalt war, nahmen wir das Angebot von Fritzis Eltern an, zu ihnen zu ziehen, und richteten uns auf einer Klappcouch ein.

Im Land der Täter

Schon gleich nach unserer Ankunft hatte ich an meinen Freund und ehemaligen Lagergenossen Ernst Landau geschrieben, der, wie ich wusste, von Feldafing nach München gezogen war und dort als Journalist arbeitete. Er wollte mir helfen, eine Arbeit zu finden, und riet mir, zu ihm zu kommen. Da an Arbeit in dem knapp tausend Seelen zählenden Dorf Segnitz ohnehin nicht zu denken war, beeilte ich mich, seiner Aufforderung zu folgen, während Fritzi mit Eva bei ihren Eltern blieb. Schon nach kurzer Zeit nahm sie ihr politisches Engagement wieder auf und trat in die SPD ein, die ihre Niederlassung im benachbarten Kitzingen hatte. Ich folgte ihr auch diesmal, allerdings hatte ich, anders als sie, nicht die Absicht, mich aktiv in der Politik zu betätigen.

Das immerhin wusste ich. Was sonst aus mir werden sollte, wusste ich nicht, aber ich dachte auch nicht darüber nach. Es war nicht die Zeit, großartige Zukunftspläne zu schmieden, man musste sich an der Realität orientieren. Die Städte und die Industrieanlagen waren zerstört, mit ihnen Millionen von Arbeitsplätzen. Nicht nur die Vertriebenen, auch die Kriegsheimkehrer standen auf der Straße und mussten jede Arbeit annehmen, die sie finden konnten.

Ernst Landau, der sich jetzt Ernest nannte, wohnte mit Frau und Tochter in der Waldhornstraße 18 in München-Obermenzing in der Villa eines Zahnarztes, der in der NSDAP aktiv gewesen war. Sie war von den Amerikanern beschlagnahmt worden. Die Landaus teilten sie mit Herbert Scherzer, den ich von seinen Auftritten im Warschauer Lager kannte, und seiner Frau Eta, einer Sopranistin. Mit einem ähnlichen Programm wie dort trat Scherzer seit dem Sommer 1945 mit seiner Frau und einem Ensemble von Schauspielern, Sängern und Tänzern in Lagern für »Displaced Persons« auf. Sein Publikum bestand vorwiegend aus ehemaligen KZ-Häftlingen, die er mit seinem perfekten Jiddisch begeisterte. Später kamen noch Juden dazu, die in der Sowjetunion oder anderen Ländern dem Holocaust entkommen waren. Für das deutsche Publikum enthielt das Programm auch Nummern in deutscher Sprache. Mein Lieblingslied war: »Mausi, süß warst du heute Nacht, nach dem Souper, im Separee ...«. Heitere Unterhaltung, die den Überlebenden half, sich von der Erinnerung an die schlimme Zeit der Verfolgung abzulenken.

Wie alle Leute wohnten auch die Landaus – wenn auch beinahe herrschaftlich – recht beengt. Da es kein Zimmer gab, in dem sie mich hätten unterbringen können, nächtigte ich während der nächsten Monate werktags auf der Couch im Wohnzimmer. Am Wochenende fuhr ich zu meiner Familie nach Segnitz, wo Fritzi und ich am 24. Dezember 1946 standesamtlich heirateten. Ich trug einen Mantel, den ich noch in Neutitschein auf einen mir von der Stadtverwaltung zugeteilten Bezugsschein gekauft hatte. Nach der Trauung lieh ich ihn einem Bekannten namens Hans Kretschmer, der im Anschluss an uns mit einer Segnitzer Witwe getraut wurde und keinen eigenen Mantel besaß. Als Hochzeitsmenü gab es Wiener Schnitzel mit Bratkartoffeln und Salat. Die Schnitzel hatten wir gegen ein Paar Hausschuhe getauscht, die Fritzis Schwester von einer Freundin bekommen hatte, mit der sie in Dänemark als »Luftwaffenmädel« stationiert gewesen war.

Die allgemeinen Einschränkungen in der Nachkriegszeit, unter denen nicht nur die Vertriebenen litten, sondern auch die deutsche Bevölkerung, belasteten mich in dieser Zeit ebenso wenig wie die Unsicherheit im Hinblick auf die Zukunft, wie man – schon wegen der Verantwortung für meine Familie – hätte meinen können. Ganz im Gegenteil war ich voller Optimismus und, privilegiert durch die Zusatzzuwendungen jüdischer Hilfsorganisationen aus den USA, die die ehemaligen jüdischen KZ-Häftlinge in Form von Geld, Lebensmitteln und sozialer Betreuung unterstützten, von geradezu sorgloser Unbekümmertheit. Ich war 26 und fühlte mich, nach zehn Jahren Druck und Diskriminierung, vom Trauma der Lagererfahrung ganz zu schweigen, endlich frei und voller Lebensfreude. Sie wurde auch nicht durch die unübersehbaren Spuren des verlorenen Krieges, denen man auf Schritt und Tritt begegnete, beeinträchtigt. In München waren sie natürlich ungleich sichtbarer als in Segnitz, das, wie viele Dörfer, keine Bombardements erlebt hatte, während die bayerische Hauptstadt, wie die meisten größeren Städte, erklärtes Ziel der alliierten Fliegerangriffe gewesen und zu vierzig Prozent zerstört worden war. Die Trümmer wurden unter dem Motto »Rama dama« (Räumen tun wir) in gemeinschaftlichen Räumaktionen beseitigt. So sah man auch den Münchner Oberbürgermeister Thomas Wimmer im Verein mit Freiwilligen den Schutt in Kipploren schaufeln, die ihn auf Schmalspurschienen wegtransportierten. Noch Jahre später wurde er nicht müde, in seinen Reden davon zu erzählen sowie Zahlen und Statistiken über das Geleistete aufzuführen, beispielsweise wie viele Glühbirnen in der Nachkriegszeit in den Münchner Straßenlaternen ersetzt worden waren. Die elektrisch betriebenen Oberleitungsbusse konnten schon bald wieder eingesetzt werden, während es an Straßenbahnen mangelte. Sie fuhren, selbst auf den Hauptstrecken, nur in großen Abständen und waren immer überfüllt. Die Menschen hingen in Trauben auf den Trittbrettern. Autos gab es kaum und erst recht kein Benzin. Es war streng rationiert und wurde nur wichtigen Personen zugeteilt. Zu ihnen gehörte als Journalist mein Freund Ernest Landau.

Die Bevölkerung, die noch immer hungerte, bestand vorwiegend aus Frauen und Kindern: Die Männer waren ja gefallen oder noch in Gefangenenlagern, aus denen sie, wenn überhaupt, erst nach Jahren zurückkehrten. Meine Lebensumstände erschienen mir demgegenüber ausgesprochen aussichtsreich. Entsprechend erwartungsvoll nahm ich das Angebot von

Herbert Scherzer an, als »Allroundkraft« für sein Tournee-Ensemble tätig zu werden, das sein Büro in einem Badezimmer des Deutschen Theaters in der Schwanthalerstraße in München hatte. Das Mobiliar bestand aus einem Tisch, zwei Stühlen, einer Schreibmaschine und einer Kochplatte, die gleichzeitig als Heizung diente. Ich sollte, da ich Auto fahren konnte, Scherzers »Leukoplastbomber« steuern (so nannte man die DKW-Reichsklasse-Pkws, weil der größte Teil der Karosserie mit Kunststofffolie beschichtet war) und ihn und seine Frau zu den Auftritten im Münchner Umland chauffieren. Auch er gehörte zum bevorzugten Kreis derjenigen, die Benzin bekamen. Darüber hinaus war es meine Aufgabe, die Korrespondenz zu erledigen und die Verträge mit den Schauspielern zu tippen. Dafür kam Scherzer für meine Unterkunft und Verpflegung während unserer Reisen auf. Durch den Verkauf von Zigaretten, die man von der amerikanisch-jüdischen Wohlfahrtsorganisation »American Joint Distribution Committee« zugeteilt bekam, habe ich mir ein paar Reichsmark dazuverdient. Davon bestritt ich den Lebensunterhalt meiner Segnitzer Familie. Eine Zigarette kostete damals fünf Reichsmark, das durchschnittliche Monatsgehalt betrug 250 Reichsmark, reichte also gerade für 50 Zigaretten.

Zum Ensemble gehörte unter anderem Trude Hesterberg, die in dem Vorkriegsfilm ›Der blaue Engel‹ mitgespielt und bereits Berühmtheit erlangt hatte, der Schauspieler Hans Richter sowie eine bildhübsche Berliner Blondine namens Christl Bedur, die in den Sketchen meistens die Rolle der Verführerin spielte. Zu den Tänzern gehörte ein jüdischer Stepptänzer aus Litauen. Indem ich ihm bei den Proben zusah und dabei seine Schritte und Bewegungen imitierte, lernte ich meinerseits das Steppen. Ich konnte es schließlich recht gut, es machte mir auch großen Spaß. Ich bedauerte lediglich, dass ich keine richtigen, mit Eisen beschlagenen Steppschuhe besaß und deshalb das rhythmische Klappern nicht zustande brachte, das beim Steppen nun einmal dazugehört.

Eines Tages fiel vor der Aufführung im Stadttheater in Weilheim ein Schauspieler in der Rolle des Dieners Johann aus. Mit dem Argument, dass ich das Stück und den Text ja kenne, bat Scherzer mich einzuspringen. Ich hatte zunächst Hemmungen, da ich noch nie auf einer Bühne gestanden hatte. Aber Herbert ließ meine Einwände nicht gelten, zumal die Rolle aus wenig mehr als der bloßen Anwesenheit des Dieners bei der Konversation zwischen dem Ehemann und dem Hausfreund der Ehefrau bestand, die im Begriff war, im Nebenzimmer niederzukommen. Als die Hebamme die Herren über die Prophezeiung einer Wahrsagerin informierte, wonach, wenn es ein Sohn würde, der Vater, im Falle eines Mädchens dagegen die Mutter ums Leben käme, verlangte der Ehemann einen Cognac. Das war mein Einsatz. Ich musste den Cognac auf einem Tablett servieren und dazu meinen Text sagen, der aus dem Wort »Bitte!« bestand. Auf die Frage des Hausfreundes: »Hat die Wahrsagerin Ehemann oder Vater gesagt?«, antwortete die Hebamme: »Sie hat Vater gesagt.« Daraufhin verlangte auch der Hausfreund nach einem Cognac, den ich ihm mit einem erneuten »Bitte!« brachte. Als die Hebamme schließlich verkündete, dass es ein Sohn sei, blieben Ehemann und Hausfreund wider Erwarten am Leben, während ich auf der Stelle tot umfiel. Nie vorher und nie nachher in meinem Leben habe ich so viel Applaus bekommen wie an diesem Abend in Weilheim.

Nach drei Monaten trennte ich mich von Herbert Scherzer. Ernest Landau, bei dem ich ja noch immer wohnte, fand für mich eine Stelle in der juristischen Abteilung des »Zentralkomitees der befreiten Juden« in der Münchner Möhlstraße, einer Organisation, die die Überlebenden der Shoa und der im Osten geretteten Juden betreute und sich darüber hinaus bemühte, durch Aussagen der Opfer Kriegsverbrechern auf die Spur zu kommen. Meine Aufgabe war es unter anderem, die eidesstattlichen Erklärungen von Überlebenden der Konzentrationslager zu protokollieren. Viele von ihnen sprachen Jiddisch, was ich weder in meiner Kindheit noch im Lager gelernt hatte. Da es bei der Protokollierung darauf ankam, eine vertrauensvolle Atmosphäre zwischen meinen Interviewpartnern und mir herzustellen, dachte ich, dass es vielleicht besser wäre, wenn ich nicht in der Sprache der Täter, sondern Jiddisch mit ihnen spräche, und bemühte mich, die Sprache zu erlernen und in den Interviews anzuwenden. Aber ich unterschätzte die Schwierigkeit. Meine Interviewpartner nahmen mir die Sprache nicht ab.

»Sind Sie denn kein Jude?«, fragte mich eines Tages eine der Zeitzeuginnen auf Jiddisch. Als ich ihr versicherte, dass ich es sei, meinte sie, noch immer misstrauisch: »Sie sprechen Jiddisch wie ein Antisemit.« Es war das Ende meiner jiddischen Sprechversuche. Deutsch, Tschechisch, Polnisch, Russisch, Serbokroatisch und Englisch habe ich dagegen im Laufe meines Lebens leidlich bis sehr gut sprechen gelernt.

Dass ich mich in meinen Interviews mit den Erlebnissen von Lagerinsassen beschäftigen musste, belastete mich in dieser ersten Zeit weniger, als ich erwartet hatte. Im Gegenteil. Es befriedigte mich, dass ich auf diese Weise dazu beitragen konnte, die Täter ihrer Strafe zuzuführen. Dennoch befand ich mich damals in einem überaus widersprüchlichen Gefühlszustand. Einerseits war ich voller Zuversicht, andererseits noch immer voller Trauer über den Verlust meiner Familienangehörigen. Sie begleitete mich ständig. Schon der natürliche Tod eines nahestehenden Menschen ist schmerzlich. Aber der Schmerz über einen gewaltsamen Tod vergeht nie. An den Geburtstagen meiner Eltern und Geschwister war er besonders spürbar. Der Gedanke daran setzte schon Tage vorher ein und hielt an, bis der Tag vorbei war. Es war geradezu, als müsste ich die Toten an ihren Geburtstagen ins Leben zurückrufen. Dazu kamen die Schuldgefühle, die ich den Opfern gegenüber empfand, weil ich nach Deutschland gegangen war. Immer wieder beschlich mich das Gefühl, dass ich sie verraten hätte. Und – nicht weniger belastend – mich selbst.

In meinem gesellschaftlichen Umgang beschränkte ich mich ganz bewusst auf jüdische und sozialdemokratische Kreise.

Letzteren unterstellte ich ganz allgemein, dass sie während der NS-Zeit Regimegegner gewesen waren. Wenn ich, was natürlich auch vorkam, Menschen kennenlernte, die ich weder in die eine noch in die andere Kategorie einordnen konnte, trat ich immer sofort die Flucht nach vorne an und sagte ihnen, dass ich Jude sei. Eine Information, die mich davor schützen sollte, dass irgendjemand antisemitische Äußerungen machte. Diese Schutzmaßnahme hat auch meistens funktioniert. Ich hatte auch nie die Assoziation, von denen andere Überlebende berichteten, dass die Hand, die ich gerade schüttelte, womöglich die Hand eines Täters war. Wäre es anders gewesen, hätte ich sicher nicht in Deutschland bleiben können.

Gespräche über die NS-Zeit fanden nicht statt. Auch von den Erfahrungen der ehemaligen KZ-Häftlinge wollte niemand etwas wissen. Sie blieben auf die Unterhaltungen beschränkt, die ich mit Ernest und Liddy Landau in ihrer Küche führte. Mit Deutschen habe ich nicht darüber gesprochen. Sie waren nicht daran interessiert, sondern nur damit beschäftigt, in den Trümmern zu überleben: Sie standen um Lebensmittel an, tauschten Kaffee gegen Margarine und Ritterkreuze gegen Zigaretten, von Politik wollten sie nichts mehr wissen. Der Nationalsozialismus und seine Ideologie schienen wie ein Spuk verflogen. Man verdrängte die Vergangenheit und stürzte sich in den »Wiederaufbau«.

Die Alliierten bemühten sich nach Kräften, ein demokratisches Bewusstsein in Deutschland aufzubauen. Entsprechend sorgfältig überprüften sie die Lizenznehmer für die Zeitungen, die als Meinungsbildner eine große Rolle bei der Erreichung dieses Ziels zu spielen hatten. Zu den ersten Lizenzen, die von der amerikanischen Militärregierung in der US-Zone vergeben wurden, gehörte die für den ›Münchner Mittag‹, aus dem später der ›Münchner Merkur‹ werden sollte. Ernest Landau, als bereits renommierter und zur offiziellen Gründungsfeier geladener Journalist, nahm mich dorthin mit. An die Reden, die gehalten wurden, erinnere ich mich nicht, wohl aber an das wunderbare

Sandwich-Buffet, das reichlich gedeckt und im Nu leergeräumt war. Ich erinnere mich auch an einen jungen Journalisten unter den Gästen, Werner Friedmann, der einer der Gründer und Gesellschafter der ›Süddeutschen Zeitung‹ war und später Herausgeber der ›Münchner Abendzeitung‹ wurde.

Bei den Verbindungen, die Ernest Landau im Journalismus hatte, und bei dem freundschaftlichen Verantwortungsgefühl, das er offenbar für mich empfand, konnte es nicht ausbleiben, dass auch ich in diesem Umfeld landete. Als er im Jahre 1947 die Zeitung ›Neue Welt‹ gründete, die sich vorwiegend mit jüdischen Themen befasste, gab ich die Stelle im Zentralkomitee auf und wurde sein Mitarbeiter. Zunächst als Chauffeur des Redaktionswagens, eines elf Jahre alten Mercedes, und als Redaktionsbote, der bei der Presseagentur DENA (Deutsche Nachrichtenagentur, später dpa) die Nachrichten vom Fernschreiber in der Nachbarschaft abholen musste. Bald wurde ich auch mit redaktionellen Aufgaben betraut, durfte Themen vorschlagen, die Ernest genehmigen musste, und Texte kürzen, die zu lang geraten waren. Allerdings hielt sich mein journalistisches Talent in Grenzen. Gut dagegen gefiel mir das Korrekturlesen, wobei ich den pedantischen Ehrgeiz entwickelte, dass die Zeitung ohne Druckfehler erscheinen sollte. Diese Pedanterie überfällt mich noch immer. Wenn ich Druckfehler in einem Buch entdecke, bin ich jedes Mal versucht, einen Brief mit den entsprechenden Korrekturen an den Verlag zu schreiben.

Im November 1947 wies uns die Stadt München eine Zweieinhalbzimmerwohnung in der Klementinenstraße 38 in Schwabing zu. Endlich konnte ich Fritzi, Evi und meine Schwiegereltern zu mir holen. Zwar wohnten wir auf 63 Quadratmetern sehr beengt, doch war es mir nach dem Verlust meiner Familie ein großer Trost, meine neue Familie um mich zu haben. Dazu kam, dass meine Frau immer stärker in ihre Parteiarbeit eingebunden war und durch ihre Mutter in der Betreuung unserer Tochter entlastet werden konnte. Die SPD-Mitglieder im Ortsteil Schwabing-Ost trafen sich einmal im Monat im Hinterzim-

Fritzi, 1952

mer der Gastwirtschaft »Ruhland« in der Feilitzschstraße/Ecke Occamstraße. Dorthin begleitete ich Fritzi regelmäßig.

Später kandidierte Fritzi für den Münchner Stadtrat. Sie hatte einen starken Rückhalt in ihrem Wahlkreis, weil sie von ehemaligen Arbeitern aus der Gummifabrik OPTIMIT ihres Heimatortes Odrau, die nach dem Krieg bei der Münchner Reifenfabrik Metzeler untergekommen waren, unterstützt und gewählt wurde. Als Stadträtin gehörte sie mehreren Ausschüssen an, so dem Hauptausschuss, dem Schulausschuss, dem Jugendausschuss und dem Kulturausschuss. Darüber hinaus war sie im Verwaltungsrat der Münchner Kammerspiele. Sie war nach wie vor sehr sozial und half vielen Menschen bei der Wohnungssuche. Und sehr gebildet war sie auch. Ich habe viel von ihr gelernt, aber sie hat mich ihre Überlegenheit nie spüren lassen. Ich war vielmehr stolz darauf, dass sie eine allseits so beliebte Politikerin war. Außerdem war sie eine wunderbare Ehefrau und Mutter, wobei die Erziehungsarbeit in erster Linie meine Schwiegermutter übernahm. Meine Tochter sagte denn auch später, sie habe in mir weniger einen Vater als einen älteren Bruder gesehen, der mit ihr »viel positiven Blödsinn« getrieben habe. Ich empfand das als Kompliment. Wir unternahmen viel zusammen, machten Spaziergänge oder Fahrradtouren im Englischen Garten, ruderten auf dem Kleinhesseloher See und spielten Tischtennis im Hof. Mit von der Partie waren meistens Evas Freundin Geli und deren schwarzer Pudel Arwa.

Durch meine Frau war ich recht gut über die lokalpolitischen Interna informiert. Auch darüber, wie die Entnazifizierung früherer NSDAP-Mitglieder gehandhabt wurde. Es zeigte sich bald, dass sie das mittlere und höhere Beamtentum zunächst hart traf, weil viele ehemalige Nazis aus ihren Ämtern vertrieben wurden. Später jedoch kehrte sich der Trend um. Die Anforderungen der Verwaltung, der Bedarf an qualifizierten Beamten, die zunehmende Entscheidungsmacht der deutschen Stellen und die auf raschen Wiederaufbau ausgerichtete Politik führten zur Wiedereinstellung vieler entlassener Berufsbeamten. Dabei gelang es einer ganzen Reihe ehemaliger NSDAP-Mitglieder, vor allem in gehobenen Positionen und mit entsprechenden Kontakten, sich für ihre Entnazifizierung durch die »Spruchkammern« sogenannte »Persilscheine« zu beschaffen, die sie als Hitler-Gegner auswiesen. Diese Art der personellen Restauration wurde auch in den fünfziger Jahren weiter fortgesetzt.

Den Verzicht auf klare Grenzen gegenüber der NS-Vergangenheit empfand ich als große Belastung für das Selbstverständnis, die politische Moral und die Glaubwürdigkeit der Bundesrepublik. Viele Mitläufer konnten wieder reüssieren, Schuldige ihre Spuren verwischen, Kriegsverbrecher mithilfe des Vatikans nach Südamerika verschwinden. Dieser Mangel an Aufmerksamkeit gegenüber der eigenen Vergangenheit hat mich, wie viele unserer Freunde, empört und enttäuscht. Die Auseinandersetzung der Deutschen mit dem Holocaust begann erst in den siebziger Jahren als Folge der 68er-Bewegung.

Nach einem Putsch im Februar 1948 übernahmen die Kommunisten in der Tschechoslowakei die Macht. Die Regulierungen des öffentlichen wie auch des privaten Lebens, die schon sehr bald danach spürbar wurden, veranlassten meinen unabhängigen und unternehmungslustigen Bruder Edgar, das Land zu verlassen. Mit einem Pass auf den Namen Reich und einem Visum für Paraguay setzte er sich mit Hilfe der zionistischen Schleuserorganisation Bricha, die jüdischen Auswanderern bei der Ausreise nach Palästina half, nach Selb in der Oberpfalz ab. Dorthin fuhr ich ihm mit dem Redaktionswagen der ›Neuen Welt‹ entgegen und brachte ihn nach München. Er hatte mir längst verziehen, dass ich nach Deutschland gegangen war, sogar, dass ich Fritzi geheiratet hatte. Ein paar Tage nach ihm kamen einige seiner Freunde nach München, die ebenfalls aus der ČSSR geflohen waren und bei uns in der Klementinenstraße Unterschlupf suchten, allerdings schon nach kurzer Zeit weiterreisten. Auch Edi drängte es zu neuen Ufern: Er wollte nach Brüssel, wo ihm ein ehemaliger Mithäftling aus Warschau namens Seidenschnur Hilfe bei der Gründung einer Existenz in Aussicht gestellt hatte.

Sein Empfang in der Villa Seidenschnur im vornehmen Brüsseler Stadtteil Uccle war herzlich, die berufliche Perspektive jedoch begrenzt: Er sollte sich um Haus und Garten sowie um das Pferd der Tochter kümmern. Dafür bekam er Kost, Logis und Kleidung, sodass er zumindest für den Augenblick versorgt war. Dennoch sah ich keine Zukunft in seiner Tätigkeit. Ich war der Meinung, dass es ihm in Deutschland leichterfallen würde, Fuß zu fassen, zumal er kein Französisch sprach, und drängte ihn, nach München zurückzukommen, wo wir, als er schließlich kam, erneut zusammenrückten und ihn aufnahmen.

Am 20. August 1948 wurde die deutsche Währung reformiert, die wertlose Reichsmark abgeschafft und die D-Mark eingeführt. Als Starthilfe bekam jeder Bürger 40 DM. Sozusagen über Nacht veränderte sich das allgemeine Bewusstsein für den Wert der neuen Währung, denn plötzlich konnte man etwas für sein

Geld kaufen: Die Geschäfte waren voller Waren, die Schaufensterauslagen üppig und verlockend, die Preise jedoch zu hoch, als dass der normale Sterbliche sie hätte bezahlen können. Ich selbst verdiente damals 180 DM im Monat. Eine Couch, wie sie ganz oben auf der Liste unserer Wünsche stand, war deshalb für uns jahrelang unerschwinglich.

Umso mehr, als auch mein Monatsgehalt kurz nach der Währungsreform entfiel, weil mir gekündigt wurde. Obwohl der ›Neuen Welt‹ ein hohes Niveau bescheinigt wurde, konnte sie sich ohne finanzielle Unterstützung nicht halten und musste ihr Erscheinen einstellen. Für mich war es bedauerlich, aber keine Katastrophe, vielmehr eine von vielen Situationen, die in jener Zeit konstanter Veränderungen immer wieder nach Neuorientierung verlangten. Sie beunruhigten mich weniger als manche anderen Leute – vielleicht, weil ich mehr Erfahrung im Überleben hatte. Vielleicht auch, weil ich optimistisch war: Das, was auf mich zukommen würde, konnte nur besser sein als das, was hinter mir lag.

Dieser Optimismus, verbunden mit einem gewissen Organisationstalent, wie man es damals zu entwickeln gezwungen war, half mir nicht nur bei der Suche nach neuer Arbeit, sondern auch, wenn es darum ging, an Vergnügungen teilzunehmen, die ich mir finanziell nicht leisten konnte. Das galt weniger fürs Kino, das ich oft besuchte, weil ich noch immer ein Kinofan und der Eintritt niedrig war. Die Vorstellungen waren meistens ausverkauft, denn die Menschen waren geradezu süchtig nach Filmen, in denen sie dem rauen Alltag entfliehen konnten. Aber es galt fürs Theater, weil mich Schauspieler, die ich im Umkreis von Herbert Scherzer kennengelernt hatte, in ihre Vorstellungen einluden. Wie zum Beispiel Heidemarie Hatheyer, berühmt aus dem Film ›Die Geierwally‹, die in Thornton Wilders damals oft gespieltem Stück ›Unsere kleine Stadt‹ im Brunnenhof der Münchner Residenz auftrat. Ich besuchte auch das Kabarett »Der Bunte Würfel« am Münchner Preysingplatz, für das mir sein Gründer und Leiter, Viktor Hahn, ein jüdischer Rechts-

anwalt aus Wien und ehemaliger Mithäftling im Lager Karlsfeld, Freikarten schenkte. Mit großem Vergnügen erlebte ich
dort im eiskalten Winter 1947/48 den Komiker Karl Valentin,
der nach der Trennung von Liesl Karlstadt solo im »Bunten
Würfel« auftrat. Er ließ sich nach dem Auftritt immer viel Zeit
mit dem Abschminken und Umziehen. Auf diese Weise wurde
er eines Abends in der ungeheizten Garderobe vergessen und
eingeschlossen. Er verbrachte darin, eingerollt in einen Teppich,
die ganze Nacht frierend auf dem Fußboden. Wenig später, am
9. Februar 1948, dem Rosenmontag, starb er an einer Lungenentzündung.

Der Unternehmer und der Moralist

Während ich nach der Schließung der ›Neuen Welt‹ noch immer ohne Arbeit war, besann sich mein umtriebiger Bruder Edi auf seine unternehmerischen Talente, die er seit seiner Kindheit immer wieder unter Beweis gestellt hatte. Das Basiskapital verdiente er, indem er Wechselgeschäfte machte: Er kaufte »Script-Dollars«, eine Währung, die nur von amerikanischen Besatzungsangehörigen verwendet werden durfte, dabei regional unterschiedlich bewertet wurde, und verkaufte sie in Gebieten innerhalb der US-Zone, wo sie etwas mehr wert war. Dorthin fuhr er manchmal Hunderte von Kilometern mit der Bahn. Die Margen, die er erzielte, waren gering, doch reichten sie aus, dass er davon bei einem Schrotthändler einen 8-Zylinder-Tatra aus der ČSSR erwerben konnte. Er ließ ihn in einer Autowerkstätte reparieren und verkaufte ihn mit beträchtlichem Gewinn weiter.

Damit gründete er ein kleines Unternehmen zur Herstellung von Likören und Schnäpsen. Grundkenntnisse hatte er nach seiner Rückkehr nach Neutitschein im Schnellverfahren bei einem dortigen Spirituosenproduzenten erworben. In München nutzte er die Gelegenheit, das Erlernte zu erproben. Dafür benötigte er zunächst einen Gewerbeschein, für den er eine kaufmännische Ausbildung nachweisen musste, die er nicht hatte. Da ich ausgewiesener Kaufmann war, beantragte ich den Schein auf meinen Namen. Edi ließ sofort ein schönes Logo für die Etiketten gestalten: MMM – Max Mannheimer München. In goldener Schrift. Es machte sich ausgesprochen gut auf den Flaschen. Als Büro und Produktionsstätte dienten eine Garage und ein Keller im Münchner Stadtteil Milbertshofen.

In Ermangelung von Destillierapparaten beschränkte sich Edi auf die Produktion von Alkoholika, die »auf kaltem Wege« hergestellt, also nicht destilliert wurden, wie Brandy oder Sliwowitz. Dabei wurden dem Alkohol lediglich bestimmte Essenzen zugefügt. Aufwendiger war die Herstellung von Eierlikör, der damals sehr gerne getrunken wurde. Dafür brauchte man ein Rührwerk, das sehr teuer war. Um die knappen finanziellen Ressourcen zu schonen, bastelte Edi das Rührwerk, das für die Vermengung der Zutaten notwendig war, selbst: Er durchbohrte den Deckel einer 20-Liter-Milchkanne, montierte im Loch eine Welle und brachte an deren Ende einen Propeller an, welcher von einem kleinen Elektromotor in Rotation versetzt wurde. Eine besondere Spezialität war ein Schnaps, der den märchenhaften Namen »1000 süße Blüten« trug. Dafür wurde ein kleiner Zweig in die Flasche gesteckt und sehr viel Kristallzucker, reiner Alkohol und etwas Wasser dazugegeben. Es bildeten sich dann auf dem Zweig kleine Kristalle, weshalb dieser Schnaps ein beliebter Geschenkartikel war. Seine Erzeugnisse, die in gebrauchten Flaschen abgefüllt waren, auf denen das Etikett in Goldbuchstaben prangte, bot Edi in Wirtshäusern und Lebensmittelgeschäften an. Da die Qualität hervorragend war, verfügte er bald über einen ansehnlichen Kundenstamm – und hätte einen aktiveren Partner gebrauchen können, als ich es war. Aber nicht nur fehlte mir das unternehmerische Talent meines Bruders, ich hatte auch ein Problem mit dem Produkt selbst: Geprägt von einer Kindheit im Wirtshaus, in dem ich allzu viele Betrunkene erlebt hatte, war ich nicht nur zeitlebens Antialkoholiker, sondern auch außerstande, das nötige berufliche Interesse für Alkohol aufzubringen. Mein Bruder sah das Ganze pragmatischer. Alkohol, versicherte er mir, würde in guten wie in schlechten Zeiten getrunken, womit er sicher recht hatte. Meine moralischen Bedenken konnte ich trotzdem nicht überwinden.

Stattdessen nahm ich im August 1948 das Angebot der bereits erwähnten Wohlfahrtsorganisation »American Joint Distribution Committee«, kurz »Joint« genannt, in Oberschleißheim bei München an, in der dortigen Schuhabteilung zu arbeiten. Wolf Silbermann, ein jüdischer Freund aus Neutitschein, der nach dem Krieg dorthin zurückgekehrt, aber nach dem Putsch in der ČSSR nach München geflohen war und zeitweise bei uns gewohnt hatte, vermittelte mich dorthin. Das »Joint« wurde im Ersten Weltkrieg von amerikanischen Juden gegründet, um jüdischen Kriegsopfern zu helfen. Während des Dritten Reiches unterstützte es jüdische Einrichtungen in Europa und half Juden bei der Emigration aus Deutschland. Seit 1945 ist es als Zentralorganisation aller jüdischen Wohlfahrtsverbände die wichtigste jüdische Hilfsorganisation weltweit, die jüdische Glaubensgenossen mit Sach- und Geldspenden, aber auch durch Bildungsangebote oder bei Auswanderungsvorhaben unterstützt.

Meine Aufgabe war es, die Schuhe zu sortieren, die aus Kleidersammlungen in den USA stammten und den »Displaced Persons«, den »DPs«, übergeben wurden. Diese hatten durch das jahrelange Tragen von Holzpantinen durchweg breite Füße, sodass die schmalen Schuhe aus den Beständen aussortiert werden mussten. Sie wurden dann für den Preis von zwei Mark pro Kilo verkauft.

Nach kurzer Zeit übertrug mir der Direktor des »Joint« die Leitung der Schuhabteilung, schließlich, als Silbermann seinen Posten als »Assistant to the Warehouse Manager« aufgab, weil er nach Australien emigrierte, dessen Position als Assistent des Direktors. Dieser war für die Verteilung von Lebensmitteln, Kleidung, Schuhen, Zigaretten, Toilettenartikeln und religiösen Utensilien zuständig, mit denen das Komitee die DP-Lager in Bayern versorgte. Sie waren in ehemaligen Flugzeughangaren in Oberschleißheim gelagert.

Eines der größten DP-Lager – mit rund 5600 Bewohnern in Hunderten von Reihen- und Einzelhäusern – war Föhrenwald bei Wolfratshausen: 1946 gegründet, war es eine Miniaturrepublik mit weitgehender Selbstverwaltung unter amerikanischer Kontrolle. Es gab Schulen, Bethäuser, ein Kino, ein Theater und ein Lagerkomitee, das von den Einwohnern gewählt wurde. Es gab sogar mehrere Parteien, wie sie vor dem Krieg in Osteuropa existiert hatten. Die Umgangssprache war Jiddisch.

Wie in allen anderen DP-Lagern unterstützten die amerikanischen Behörden die Bewohner darin, sich eine Existenz außerhalb des Lagers aufzubauen, sodass die Lager nach und nach aufgelöst werden konnten. Manche Bewohner blieben in Deutschland, andere entschieden sich für die Emigration. Bevorzugte Ausreiseziele waren dabei Israel, Frankreich, die USA und Südamerika. Im Jahre 1957 wurde Föhrenwald als letztes Lager geschlossen.

Nur 22 »schwere Fälle« bedurften einer Sonderbetreuung. Unter ihnen ein ungarischer Jude, der sich weigerte, nicht nur das Lager, sondern sogar sein Bett zu verlassen. Ich sprach mehrere Stunden auf ihn ein, ehe es mir gelang, ihn zum Umdenken zu bewegen. Er zog, mit einigen anderen psychisch besonders schwer gestörten »Displaced Persons«, die große Existenzängste und eine panische Angst vor allem hatten, was deutsch war, in ein Haus in München-Untergiesing, das die Regierung von Oberbayern zur Verfügung gestellt hatte. Dort wurden sie von einer Krankenschwester, später von Sozialarbeiterinnen betreut. Ich besuchte die Kranken einmal in der Woche und unterhielt mich mit ihnen. Dabei versuchte ich, ihnen Mut zu machen und die Zuversicht zu wecken, bald wieder ganz gesund zu werden – auch wenn ich oft selbst nicht daran glaubte. Es fiel mir sehr schwer, diesen armen, hoffnungslosen Menschen zu begegnen, doch hielt ich es für meine Pflicht, ihnen beizustehen. Sie vertrauten mir, weil ich ein ähnliches Schicksal hatte wie sie selbst.

Mit meinen Arbeitskollegen im »Joint« aß ich für gewöhnlich in einem Nebenraum der Schlosswirtschaft Oberschleißheim zu Mittag, der für uns als Stammgäste reserviert war. Eines Tages traf ich darin statt auf meine Kollegen auf ein gutes Dutzend Männer, die deutsche Wehrmachtsuniformen trugen. Ich erschrak und schaute reflexartig auf meine linke Brust, als ob das Ganze ein böser Traum wäre und ich noch immer meinen

Judenstern trüge. Es war jedoch kein Traum, und ich trug auch keinen Judenstern: Der Nebenraum war von den Schauspielern und Komparsen eines Filmteams besetzt, das in Oberschleißheim unter der Regie von Anatole Litvak mit Oskar Werner und O. E. Hasse gerade den Kriegsfilm ›Entscheidung vor Morgengrauen‹ drehte, der im Jahre 1952 für den Oscar nominiert wurde.

Noch eine andere Begegnung in dieser Zeit brachte blitzartig Erinnerungen zurück. Im Sommer 1947 fuhr ich mit der Straßenbahn in Richtung Hauptbahnhof. Da sie nur im Zwanzig-Minuten-Takt kam und zu wenige Wagen mit sich führte, warteten immer mehr Menschen auf sie, als mitgenommen werden konnten. Plötzlich erkannte ich am Marienplatz in einem der Wartenden einen früheren SS-Mann aus dem Warschauer Lager: Josef Schießler, jenen Volksdeutschen aus Kroatien, der uns immer zum Nachteinsatz in der Wäscherei als Bewacher begleitet hatte. Ein heißer Schrecken durchfuhr mich, mein Herz klopfte bis zum Hals. Ich versuchte, aus dem überfüllten Wagen auszusteigen, aber noch ehe ich die Ausgangstür erreicht hatte, fuhr die Bahn schon Richtung Karlsplatz weiter. Josef Schießler blieb zurück. Am Karlsplatz angekommen, stürzte ich aus dem Waggon und rannte so schnell ich konnte zum Marienplatz zurück, wo Schießler noch immer auf die nächste Tram wartete. Ich sprach einen Polizisten an, sagte ihm, wer der Mann war, und bat ihn, Schießler zu verhaften. Schon am nächsten Morgen wurde er dem US-Schnellrichter im Polizeipräsidium in der Ettstraße vorgeführt. Ich war als Zeuge geladen. Es stellte sich heraus, dass er mit falschem Ausweis als »Displaced Person« von der Unterstützung durch die damaligen Hilfsorganisationen in München-Allach lebte. Die Frage, ob ich gesehen hätte, dass Schießler jemanden getötet oder misshandelt hatte, verneinte ich wahrheitsgemäß. Schießler kam frei. Er bedankte sich überschwänglich bei mir, dass ich die Wahrheit gesagt hatte. Zwei Wochen später fragte ich mich allerdings, ob es noch andere Wahrheiten gab, die nur er selber kannte, denn als ich ihn unter seiner Telefonnummer in seiner Wohnung anrufen wollte, die im Telefonbuch stand, war er offensichtlich kurzfristig ausgezogen. Eine automatische Ansage meldete lediglich lapidar: »Kein Anschluss unter dieser Nummer.«

Mit der allmählichen Auflösung der Lager reduzierte sich der Umfang der Arbeit im Münchner Büro des »Joint«. Es wurde deshalb einem überregionalen Headquarter mit Sitz in Frankfurt angegliedert. Für mich bedeutete das, dorthin umziehen zu müssen. Leider konnte Fritzi, die in der Münchner SPD lokal gebunden war, mich nicht begleiten, sondern blieb mit Eva und ihren Eltern in der Klementinenstraße. Ich dagegen fuhr jeden Freitagabend mit dem Auto nach München und am Sonntagabend wieder zurück nach Frankfurt. Dort bewohnte ich in der Eschborner Landstraße ein Zimmer zur Untermiete.

Meine Arbeit war Verwaltungsarbeit, zu der nach einer Weile die Leitung der Personalabteilung kam. Ich verstand nicht viel davon, aber ich hatte eine tüchtige Sekretärin, die mit der Problematik vertraut war und mich einführte. In erster Linie hatte ich für einen reibungslosen Transport der Wiedergutmachungslieferungen der Bundesrepublik an Israel zu sorgen. Sie bestanden hauptsächlich aus technischen Einrichtungen. So lieferte beispielsweise die Firma Meyra in Vlotho an der Weser motorisierte Invalidenfahrzeuge für Beinamputierte, eine andere die Einrichtungen für das Krankenhaus in Ber Yaakov. Adressat war die Organisation »MALBEN« in Tel Aviv, die die Juden, die vor dem Holocaust nach Israel geflohen waren, betreute und die Güter verteilte. Die Sendungen wurden über Hamburg und Bremen mit Schiffen der israelischen Schifffahrtsgesellschaft »ZIM LINES« transportiert. Die Sprache des »American Joint Distribution Committee« war Englisch, das ich zwar verstehen, aber nicht gut sprechen konnte. Mein Vorgesetzter, James P. Rice, legte mir nahe, es zu lernen. Eine englischstämmige Sekretärin aus der Organisation, Rose Mendel, half mir dabei. Ich lernte die Sprache schnell, auch ohne Sprachkurs.

Bei der Auflösung des DP-Lagers Föhrenwald waren einige

Familien nach Frankfurt umgesiedelt und dort in städtischen Wohnungen untergebracht worden. Es lag in meinem Verantwortungsbereich, diesen Menschen beim Umzug in ihr neues Leben zu helfen und sie beim Kauf der Einrichtung, die von der Stadt bezahlt wurde, zu beraten. Da nur 2000 DM dafür zur Verfügung standen, mussten viele Wünsche zunächst offen bleiben.

Zu den von »Joint« Betreuten gehörte auch ein ehemaliger Sowjetsoldat, der in der Roten Armee gekämpft und beide Beine durch eine deutsche Granate verloren hatte. Die sowjetischen Sanitäter hatten ihn nicht aus der Schusslinie herausholen können, ohne sich selbst zu gefährden. Sie hatten stattdessen einen Schäferhund mit einem flachen Schlitten zu ihm geschickt, auf den er sich wälzen und auf diese Weise aus dem Gefecht gezogen werden konnte. Seine Geschichte bewegte mich tief.

Vielleicht war es das Unglück der Überlebenden, mit dem ich ständig konfrontiert war, vielleicht auch die Tatsache, dass ich die Woche über von meiner Familie getrennt war und zu viel Zeit zum Nachdenken hatte, jedenfalls ergriff meine Vergangenheit in dieser Zeit immer häufiger von mir Besitz. Als ich mich eines Tages vor dem Abschluss einer Lebensversicherung, die meine Familie absichern sollte, von einem Arzt untersuchen lassen musste und nackt vor ihm stand, raste mein Puls derart, dass er mich bat, ein anderes Mal wiederzukommen. Der Grund für meine Aufregung war, dass er, wenn auch entfernt, dem SS-Arzt ähnelte, der die Selektionen an der Rampe von Auschwitz vorgenommen hatte. Wie er war er groß, hatte einen schmalen Kopf, eine Brille und schmale, feingliedrige Hände. Aber diese Assoziation verschwieg ich ihm.

Hatte ich bisher gehofft, meine Erinnerungen ließen sich verdrängen, so machte ich jetzt die Erfahrung, dass dies unmöglich war. Immer wieder litt ich unter Angstträumen. Schlimmer noch als die Träume waren jedoch die Depressionen, die mich phasenweise überfielen und mich in Ängste und Niedergeschlagenheit stürzten. Da Psychotherapie damals kaum verbreitet war, wusste ich nicht, wie ich damit umgehen sollte. Ich wusste lediglich, dass man Entschädigung bei den deutschen Wiedergutmachungsämtern für gesundheitliche Schäden geltend machen konnte, die in kausalem Zusammenhang mit der Verfolgung standen. Dafür musste ich bei einem Vertrauensarzt ein entsprechendes psychiatrisches Gutachten einholen. Ich beschloss, dies zu tun. Der Arzt las meinen Lebenslauf und untersuchte mich. Schließlich diagnostizierte er niedrigen Blutdruck als Ursache meiner Angstträume. Ich verließ die Praxis wütend und ebenso hilflos, wie ich gekommen war. Auf die Idee, dass eine Psychotherapie mir helfen könnte, hatte er mich nicht gebracht.

Immerhin verlor ich allmählich zumindest meine ursprüngliche Angst vor Diskriminierung im Umgang mit den Deutschen. Antisemitismus habe ich nach dem Krieg persönlich nur ein einziges Mal erlebt: Als ich im Jahre 1954 in der Kabine eines renommierten Münchner Konfektionshauses ein Sakko und eine Hose anprobierte und dabei nach unterschiedlichen Größen verlangte, hörte ich, wie sich der Verkäufer bei einem Kollegen über die Ansprüche des »Saujuden« beklagte. Vermutlich ging er davon aus, dass ich ihn nicht hören könne. Ich meldete den Vorfall dem Abteilungsleiter, dieser informierte den Geschäftsführer, der sich entsetzt bei mir entschuldigte und Anstalten machte, den Verkäufer auf der Stelle zu entlassen. Das wiederum wollte ich nicht. Ein paar Tage später entschuldigte sich auch der Besitzer des Kaufhauses und fragte, ob er etwas für mich tun könne. Der Vorfall bestätigte meine Vermutung, dass es noch immer Antisemitismus in Deutschland gab, aber er zeigte mir auch, dass sich die Mehrzahl der Menschen davon distanzierte. Dennoch habe ich das Geschäft nie wieder betreten.

In diesem Zusammenhang fällt mir eine anrührende Begegnung ein, die ich einmal auf einer Reise nach Paris zusammen mit Fritzi und Evi im Restaurant »Au Pied de Cochon« hatte. Da unser Reisebudget sehr begrenzt war und wir mangels

Französischkenntnissen nicht verstanden, was auf der Karte angeboten wurde, entschieden wir uns für das billigste Gericht. Wenig später servierte man uns zwei Teller mit Kuttelflecksuppe. Wir betrachteten sie mit vermutlich schlecht verhohlenem Widerwillen und rührten sie nicht an. Als der Kellner unsere stumme Verweigerung bemerkte, sprach er uns ungehalten darauf an. Zwar verstand ich ihn nicht, doch wollte ich mich nicht länger seinem Unmut aussetzen und verlangte die Rechnung, als er schließlich in gebrochenem Deutsch aufgeregt hervorbrachte: »Ich Krieg Dachau, dort essen von Boden!« Statt einer Antwort schob ich meinen linken Ärmel hoch und deutete auf die tätowierte Auschwitz-Nummer. Er entschuldigte sich tief betroffen, nahm die Suppe vom Tisch und brachte uns zwei köstliche Fleischgerichte. Die Bezahlung lehnte er ab. Immer, wenn ich danach in Paris war, habe ich an den Mithäftling gedacht, der in Dachau vom Boden essen musste.

Als das Büro des »Joint« in Frankfurt verkleinert wurde, begann ich mich nach einer Arbeit in München umzusehen. Meine Frau legte mir nahe, mich um einen Posten in der Stadtverwaltung in München zu bemühen. Aber das kam nicht für mich infrage. Nicht nur wollte ich keinen Posten durch Protektion, ich wollte auch nicht für eine deutsche Behörde, ja überhaupt für einen deutschen Arbeitgeber arbeiten. Zu meinen Schutzmaßnahmen im Umgang mit den Deutschen gehörte, dass ich mir zunächst unbewusst, später durchaus bewusst, Anstellungen in jüdischen Organisationen und Unternehmen suchte. Diese Strategie mag für meine Karriere hinderlich gewesen sein – aber ich fühlte mich in jüdischen Firmen einfach sicherer. Ich fand eine Stellung als Geschäftsführer einer Darlehenskasse, die zwar interessant, aber schlecht bezahlt war, schließlich einen Posten als Angestellter der Strickwarenfabrik Zweig & Co., die Strickmode der Marke »Gestrickter Chic« herstellte. Ich hatte keine Ahnung von Strickwaren, aber die beiden – jüdischen – Besitzer trauten mir zu, dass ich mir das Fehlende schnell aneignen würde. Den Urlaub, den ich vor meinem Antritt mit Fritzi in Dänemark machte, verbrachte ich dann vor allem damit, einen dicken Wälzer über Betriebswirtschaftslehre sowie Literatur über die Herstellung von Strickwaren zu studieren. Dabei fand ich heraus, dass die dafür benötigte Wolle einen Feuchtigkeitsgehalt von 17,5 Prozent haben muss, damit das Maschenbild gleichmäßig ausfällt – was auf die im Keller des Unternehmens gelagerte Wolle nicht zutraf, deren Feuchtigkeitsgehalt maximal 15 Prozent betrug. Dadurch entstanden bei der Verarbeitung immer wieder unregelmäßige Maschenbilder – und für das Unternehmen vermeidbare finanzielle Verluste.

Auf mein Betreiben wurde eine Befeuchtungsanlage installiert, die Verarbeitung der Wolle damit erleichtert und der Ertrag an einwandfreier Ware verbessert. Ich machte noch eine weitere Entdeckung, nämlich die, dass sich die Zwischenmeister, die in ihren Werkstätten für die Firma strickten, an der Wolle, die ihnen trocken geliefert wurde, bereicherten, indem sie sie in einem sehr feuchten Keller lagerten und überdies mit Wasser besprühten, damit sie schwerer würde, ehe sie die fertige Ware in die Fabrik brachten. So blieb bei jedem Auftrag Wolle übrig, die sie für sich behielten. Durch meine Entdeckung machte ich mir nicht nur die Zwischenmeister zu Feinden, sondern auch den leitenden Strickmeister, dem der Betrug zuvor nicht aufgefallen war. Meine beiden Chefs dagegen waren begeistert und verliehen mir schon vier Wochen später die Einzelprokura. Es war eigentlich leichtsinnig, einem Mann, den sie kaum kannten, so viel Vertrauen zu schenken, ich hätte ihre Firma ruinieren können. Ich tat es nicht.

Während ich mich beruflich immer nur unter dem Schirm jüdischer Einrichtungen oder Betriebe wohlfühlte, zeigte mein Bruder Edi weniger Berührungsängste. Er verkaufte seine Spirituosen vorwiegend an Gaststätten in München und Umgebung. Eine seiner Kundinnen, Frau Ruhland, war Pächterin einer Gastwirtschaft in der Feilitzschstraße in Schwabing. Als

Edi in der »Schwabinger Nachteule«

sie eines Tages darüber klagte, dass die Wirtschaft so schlecht liefe, bot Edi ihr an, diese zu übernehmen. Frau Ruhland war einverstanden. In einem Leipziger Bekannten namens Landwehr fand er einen Partner, der ebenso umtriebig war wie er selbst. Sie beauftragten den Münchner Kunstprofessor, Maler und Grafiker Mac Zimmermann, die Gaststätte in ein modernes Lokal umzugestalten, was hervorragend gelang, und nannten sie »Schwabinger Nachteule«. Schon bald war sie eine stadtbekannte Adresse, die von vielen Künstlern besucht wurde. Am Klavier saß übrigens der spätere Fernsehjournalist Dieter Kronzucker, der sich auf diese Weise sein Studium verdiente.

Als die ehemalige Wirtin, die noch immer die offizielle Pächterin war, sah, dass Edi und sein Partner ihr Lokal in eine Goldgrube verwandelt hatten, bestand sie darauf, es wieder selbst zu führen. Den beiden blieb nichts anderes übrig, als ein eigenes Lokal zu eröffnen: Es lag gleich um die Ecke in der Occamstraße, gegenüber dem damals berühmten Nachtlokal »Gisela«, in dem die gleichnamige Besitzerin jeden Abend ihren – damals – berüchtigten Song ›Aber der Novak lässt mich nicht verkommen‹ zum Besten gab. Sie nannten es »Zum Käuzchen«.

Auch das »Käuzchen« lief gut, sodass Edi beschloss, seine Spirituosenproduktion zu verkaufen. In Helmut Timberg, einem aus Krakau stammenden Überlebenden des Konzentrationslagers Buchenwald, fand er einen Interessenten, der bereit war, als Teilhaber einzusteigen – unter der Bedingung, dass Edi sein unternehmerisches Talent in die kleine Kunsthandlung von Frau Timberg in der Ungererstraße einbrachte. Schon zwei Jahre später übersiedelte das Geschäft in die noble Maximilianstraße, zehn Schritte vom Hotel »Vier Jahreszeiten« entfernt, wo es neben Antiquitäten vornehmlich Meißener Porzellan führte.

1955 lernte Edi Jeannette Brodheim kennen, zu jener Zeit Direktrice in einem Schweizer Modeunternehmen. Ein Jahr später heirateten sie. Da sie nicht nach Deutschland übersiedeln wollte, zog Edi nach Zürich und eröffnete dort einen Antiquitätenhandel, der auf Möbel und alte Uhren spezialisiert war. Später kamen Oldtimer dazu. Wie schon zuvor, war Edi auch in der Schweiz sehr erfolgreich, genoss einen guten Ruf in seinem Gewerbe und brachte es zu einigem Wohlstand,

Ich wiederum war sehr glücklich, dass ich endlich wieder in München arbeiten und mit meiner Familie zusammen sein konnte. Das Leben mit Fritzi und Evi war sehr harmonisch. Umso unerwarteter traf es mich, dass Fritzi im Jahre 1963 an Krebs erkrankte und ins Schwabinger Krankenhaus eingeliefert werden musste. Der behandelnde Arzt eröffnete mir vertraulich, dass der Tumor inoperabel sei und Fritzi nicht mehr lange zu leben hätte. Meine Welt brach zusammen. Ich war verzweifelt und nur mithilfe starker Beruhigungstabletten in der Lage, mein Leben weiterzuführen und meiner Arbeit nachzugehen. Ich stand jeden Morgen um vier Uhr auf, weil ich um 5.30 Uhr die Fabriktore für die Arbeiter, die zum Teil mit sehr frühen Zügen zur Arbeit anreisten, aufschließen musste. Um 16 Uhr verließ ich die Fabrik, um Fritzi im Krankenhaus zu besuchen und bis zum Abend bei ihr zu bleiben. Die Stunden an ihrem Bett waren eine quälende Zeit der Verstellungen und Lügen im Bemühen, ihr die Hoffnung auf Gesundung nicht zu nehmen, die sie bis zuletzt hegte. Für eine kurze Zeit schien diese Hoffnung sogar berechtigt, als die Chemotherapie, die man ihr verordnet hatte, anzuschlagen schien. Der Arzt empfahl uns, eine gemeinsame Reise in den Schwarzwald zu unternehmen. Es sollte unsere letzte sein.

Obwohl mir das Herz sehr schwer war, fuhren wir mit dem Auto nach Alpirsbach ins Hotel »Adler« und machten von dort Ausflüge in die Umgebung. Es war März und der Winter gerade im Begriff, in den Frühling überzugehen. Schneeglöckchen und die ersten Tulpen setzten zur Blüte an. Ich weiß nicht, ob Fritzi wusste, wie krank sie war. Einmal in diesen Tagen fragte sie mich, ob ich mich bei dem behandelnden Arzt nach der Diagnose erkundigt hätte. Ich log einmal mehr und antwortete, dass ich geglaubt habe, er habe diese mit ihr selbst besprochen.

Eines Abends wurde im Hotel eine Modenschau gezeigt. Ich bat Fritzi, sich ein Kleid auszusuchen. Sie zögerte und gab zu bedenken, dass es sich angesichts ihrer Krankheit womöglich nicht lohne, ein so teures Teil zu kaufen. Ich versicherte ihr, dass sie bestimmt wieder gesund würde, und sie suchte sich ein sehr elegantes Kleid aus, das nach Maß gefertigt wurde und ihr sehr gut stand.

Nach unserer Rückkehr kam sie erneut ins Krankenhaus, wo sie am 3. April 1964, siebzehn Jahre und dreieinhalb Monate nach unserer Heirat und einen Tag nach ihrem 42. Geburtstag, starb. Ich war kaum in der Lage zu arbeiten oder meine siebzehnjährige Tochter zu trösten. Zum Glück wurde sie nach wie vor von ihrer Großmutter umsorgt.

Im Sommer des Jahres 1964 lernte ich in der Wohnung einer alten Freundin, Lucinde Sternberg, eine Amerikanerin namens Grace Franzen, geborene Cheney, kennen. Sie war die Witwe eines deutschen Schriftstellers und Übersetzers und hatte drei

Jahre zuvor ihren Mann durch Krebs verloren. Leider verabschiedete sie sich schon sehr bald nach meiner Ankunft. Doch die wenigen Minuten ihrer Anwesenheit genügten, um mich mit ihrer Schönheit, ihrer Intelligenz und ihrer Kultiviertheit zu beeindrucken. Einige Tage später schickte ich ihr rote Nelken und bat sie um ein Wiedersehen. Ungeduldig wartete ich auf die Antwort. Aber Grace ließ sich Zeit. Schließlich sagte sie mir ebenso höflich wie unverbindlich ab.

Im Dezember desselben Jahres wurde in meinem Unterkiefer eine Zyste festgestellt, die operiert werden musste. Als ich mich nach der Operation nach dem histologischen Befund erkundigte, wurde mir mitgeteilt, dass dieser gut ausgefallen und keine Krebszellen festgestellt worden seien. Den Befund selbst wollte mir ein junger Assistenzarzt bringen. Leider vergaß er ihn bei der Visite am nächsten Tag, ebenso am übernächsten und danach ein drittes Mal. Dabei wurde ich von Tag zu Tag besorgter, ging ich doch davon aus, dass die Mitteilung über das gute Ergebnis eine barmherzige Lüge gewesen sei und ich in Wirklichkeit an einem bösartigen Tumor litt. In Erinnerung an die Lügen, mit denen ich versucht hatte, Fritzi zu beruhigen, war ich sicher, dass man nun mit mir ebenso verfuhr, wie ich mit ihr verfahren war. Nach dem dritten vergeblichen Anlauf fragte ich nicht mehr, sondern war überzeugt, dass ich bald sterben musste.

Ich dachte an meine Tochter Evi, die erst vor wenigen Monaten ihre Mutter verloren hatte. Es beschäftigte mich, dass ich ihr nie von meiner Zeit im Lager erzählt hatte – weil ich sie und auch mich selbst hatte schonen wollen. Dennoch glaubte ich, ihr meine Erinnerungen schuldig zu sein, und beschloss sie aufzuschreiben, sodass sie sie später einmal lesen könnte, wenn sie es wollte. Unter starker psychischer Anspannung und großem zeitlichen Druck schrieb ich sie innerhalb weniger Tage auf. Es waren schreckliche Tage und noch schrecklichere Nächte, in denen ich schlaflos lag und noch einmal alle Qualen und Ängste durchlebte. Zum ersten Mal ließ ich die Erinnerungen, denen

Grace

ich bislang so sorgsam aus dem Wege gegangen war, indem ich mich, wie Fritzi es genannt hatte, achtzehn Jahre lang in ein »inneres Ghetto« zurückgezogen hatte, nun derart detailliert und umfassend zu. Man merkt den Aufzeichnungen an, dass ich sie in einer gewissen Atemlosigkeit geschrieben habe: Ich hatte die ganze Zeit über Angst, dass ich sterben würde, ehe sie fertiggestellt wären. Nach vier Wochen wurde ich entlassen. Dem Bericht, den das Krankenhaus an meinen Hausarzt schickte, entnahm ich zu meiner Verwunderung, dass ich gesund war. Ich war sehr erleichtert. Dennoch ging ich daran, meine Notizen abzutippen. Ein paar Wochen später gab ich sie Eva. Sie sagte nichts. Sie war ja so wenig wie ich selbst daran gewöhnt, über dieses Thema zu sprechen. Sie hat bis heute nichts gesagt. Außer, dass sie nur hin und wieder Auszüge, aber niemals das Ganze in einem Stück lesen konnte.

Während meines vierwöchigen Krankenhausaufenthaltes hatte ich des Öfteren Besuch bekommen: von meiner Tochter, von meinen Schwiegereltern, von Freunden. Unter ihnen befand sich auch Lucinde Sternberg, die von ihrer Freundin Grace Franzen ins Krankenhaus chauffiert worden war. Grace hatte diskret auf dem Korridor gewartet, während Lucinde fragte, ob sie hereinkommen könne. Obwohl ich sie lieber in einem weniger ramponierten Zustand – unrasiert, der linke Unterkiefer ohne Zähne – wiedergesehen hätte, bat ich sie ins Zimmer.

Grace

Nach ihrem Krankenbesuch hatte Grace keine Einwände mehr, mich wiederzusehen. Ich zeigte ihr meine Lageraufzeichnungen, die sie sehr berührten. Sie stammte aus einem gebildeten Haus, in dem sämtliche männliche Verwandten Harvard-Absolventen waren, war in Boston geboren und in Concord, Massachusetts, aufgewachsen und hatte dort ein Privatcollege besucht. Danach studierte sie Psychologie in New York, wo sie auch als Privatsekretärin für die Schwiegertochter von Präsident Theodore Roosevelt sowie in einer Buchhandlung arbeitete. Dort lernte sie ihren Mann, Dr. Erich Franzen, kennen. Nach ihrer Heirat im Jahre 1951 zog sie mit ihm nach Deutschland.

Eineinviertel Jahre, nachdem wir uns kennengelernt hatten, am 28. Oktober 1965, dem 43. Geburtstag von Grace, heirateten wir im Münchner Standesamt in der Mandlstraße am Englischen Garten. Edi und Fritzis Schwester Trude waren die Trauzeugen. Für die Kosten des Hochzeitsessens, an dem außer ihnen noch Evi und ihr späterer Mann, Martin Faessler, meine Schwiegermutter Eiselt und ein befreundetes Ehepaar teilnahmen, kam Edi auf. Er hatte zwar als Trauzeuge fungiert, war aber nicht mit meiner Wahl einverstanden, weil ja auch Grace keine Jüdin war. Allerdings entwickelte sich diese Meinungsverschiedenheit niemals zu einem wirklichen Konflikt zwischen uns beiden. Unsere Hochzeitsreise dauerte vier Tage und führte uns nach Sirmione am Gardasee. Wir zogen aus der Klementinenstraße in eine Vierzimmerwohnung in der Schleißheimer Straße, später in die Gernotstraße am Luitpoldpark.

Grace war nicht nur sehr attraktiv, sondern auch intelligent.

Hochzeit mit Grace, 1965

Sie schrieb Aphorismen, auch Prosa, doch sie fand, sie seien für eine Veröffentlichung nicht gut genug. Sie war sehr bescheiden und hatte einen wunderbaren, mitfühlenden Charakter. Obwohl sie nicht jüdisch, sondern Presbyterianerin war, ging ihr das Schicksal des jüdischen Volkes sehr nah. Sie wollte sogar zum Judentum konvertieren, und wir besprachen den Plan mit dem Münchner Rabbiner Grünewald. Der riet uns ab: nicht Graces wegen, sondern meinetwegen. Ich hatte ja während der Zeit der Verfolgung nicht nur meinen Glauben an Gott verloren, sondern war auch nicht willens, mich jüdischen Ritualen zu unterwerfen, wie zum Beispiel am Sabbat nicht zu arbeiten – was ich in meinem damaligen Job aber musste –, regelmäßig den Gottesdienst zu besuchen oder die jüdischen Speisegesetze zu befolgen, die ziemlich kompliziert einzuhalten sind, wenn man nicht gerade in der Nähe einer koscheren Metzgerei wohnt. Auch Graces Idee, nach Israel auszuwandern, scheiterte an ähnlichen Überlegungen. Ich war vor dem Holocaust nicht dorthin geflohen und sah keinen Sinn darin, das jetzt zu tun, zumal ich die Sprache nicht beherrschte. Wir beschlossen also, in Deutschland zu bleiben.

Am 18. Oktober 1966 kam unser Sohn zur Welt, für den Grace eine wunderbare Mutter war. Wir nannten ihn nach meinem in Auschwitz ermordeten Bruder Ernst und mit zweitem Namen nach meinem Vater, Jakob. Dass meine Kinder mit ihren Vornamen an meiner seelischen Hypothek mittrugen, machte diese mit den Jahren nicht leichter. Zuweilen sprach ich mit ehemaligen Mithäftlingen darüber. Da das Thema in der Familie und vor allem vor den Kindern nach wie vor tabu war, benutzten wir verschlüsselte Namen. Mein Sohn erinnert sich, dass wir des Öfteren über »Onkel Adi« redeten, so nannten wir Hitler.

Im Jahre 1967 reiste ich zum ersten Mal mit Grace in ihr Heimatland, die USA. Wir flogen über Paris nach Boston und fuhren von dort mit einem Mietwagen, den uns Graces Vater zur Verfügung gestellt hatte, nach Magnolia, Massachusetts, einem kleinen Ort in der Nähe von Boston. Dort war Graces Mutter, die halbseitig gelähmt war, in einem sehr gut geführten Pflegeheim untergebracht, eine wunderschöne Frau, äußerst liebenswürdig zu mir und glücklich, ihren einjährigen Enkel Ernst kennenzulernen, den wir mitgebracht hatten. Von Boston aus fuhr ich einmal mit dem Zug nach New York, um dort Freunde zu besuchen. Die vierstündige Bahnfahrt kostete 20 Dollar, die Hin- und Rückfahrt nur 20 Dollar 75. Mit solchen Preisen versuchte die Bahn, sich gegen die Konkurrenz durch den Flugverkehr zu behaupten. Im Speisewagen aß ich mein erstes Sirloin-Steak. Auch das kostete fast nichts.

Die Freunde, die ich in New York traf, waren alle jüdische Emigranten, die ich aus Deutschland und teilweise noch länger kannte, unter ihnen Herbert Scherzer, meinen ehemaligen Chef in der Theatertruppe. Da er für sich in Deutschland keine Zukunft mehr gesehen hatte, war er in den fünfziger Jahren in die USA emigriert. Nun arbeitete er als sogenannter Checker im feinen »Plaza-Hotel« an der Fifth Avenue. Er kontrollierte die Kellner, ob sie auch alle Bestellungen mit den entsprechenden Bons auswiesen und nicht in die eigene Tasche wirtschafteten. Die Kunst hatte er nicht ganz an den Nagel gehängt: Noch immer trat er hin und wieder bei Veranstaltungen der Jüdischen Gemeinde auf.

Dabei fällt mir wieder einmal ein Witz ein: Ein jüdischer Emigrant in New York besucht einen anderen in seiner Wohnung in der Bronx. Auf einem Regal in der Ecke steht ein Hitlerbild.

»Bist du verrückt?«, fragt er ihn, »wieso stellst du ein Hitlerbild auf?«

Sagt der andere: »Das ist gegen das Heimweh.«

Es stimmte und es war tragisch: Die Emigranten hatten alle großes Heimweh nach Deutschland.

Im Sommer 1979 besuchten Grace, Ernst und ich eine Tante von Grace, die ihre Ferien in einem weißen Holzhaus der Familie auf der Insel Cuttyhunk im Süden von Massachusetts zu verbringen pflegte. Eines Tages entdeckte ich auf dem Weg zum Tennisplatz, wo ich mit dem örtlichen Pfarrer zum Tennisspielen verabredet war, an einem Mauerpfeiler ein eingraviertes Hakenkreuz, Symbol für den millionenfachen Mord an Juden. Ich war entsetzt, alle möglichen Erinnerungen holten mich ein. Gesprochen habe ich darüber dennoch nicht. Auch nicht mit Grace. Sie war sehr feinfühlig, und ich wollte sie nicht belasten und ihr die Tage auf Cuttyhunk nicht verderben. Kurz darauf reisten wir ab. Lange dachte ich nicht mehr an das Erlebnis. Vielleicht verdrängte ich es auch.

Zwei Jahre später flogen wir erneut in die USA. Ich war damals in einem psychisch sehr labilen Zustand. Kurz zuvor hatte uns unser Freund Josef Brammer aus Ungarisch Brod in München besucht, der seinerzeit meinem kranken Bruder Ernst in Auschwitz seine warme Jacke im Tausch für dessen dünnes Jackett überlassen hatte – wenig später war Ernst das Opfer einer Selektion geworden. Der Besuch hatte aufwühlende, zutiefst schmerzliche Erinnerungen an meinen Bruder in mir geweckt. In dieser gedrückten Stimmung trat ich die Reise an. Während des Flugs fiel mir plötzlich das Hakenkreuz am Mauerpfeiler wieder ein. Der Gedanke daran ließ mich nicht mehr los.

Am Ziel angekommen, rannte ich, kaum, dass ich die Koffer abgestellt hatte, wie ein Besessener zu dem Pfeiler: Das Hakenkreuz war noch immer da. Die fixe Idee, dass ich es unbedingt entfernen müsse, wurde immer stärker. In Ermangelung eines Meißels versuchte ich, es mit einem Schraubenzieher aus dem Betonmörtel herauszustemmen. Aber es gelang mir nicht. Ich war verzweifelt, mein Herz raste, mir wurde schwindlig, schließlich schwarz vor den Augen: Ich brach ohnmächtig zusammen. Als ich wieder zu mir kam, stand ein Mann vor mir, der sich als ein mit der Familie befreundeter jüdischer Arzt vorstellte und mich fragte, ob er mir eine Beruhigungsspritze geben dürfe. Danach wurde ich mit einem Motorboot zum Festland, anschließend in eine psychiatrische Klinik nach Natick, südlich von Boston, gebracht. Zwei Tage lag ich dort wie abwesend, vermutlich aufgrund von Medikamenten, die man mir verabreicht hatte. Am dritten Tag sah ich, dass andere Patienten die Duschen benutzten. Obwohl ich ja selbst nie eine Gaskammer betreten hatte, wusste ich natürlich, dass das Gas durch die Duschköpfe in die Gaskammern geleitet worden war. Nie zuvor hatte ich mich vor dem Duschen gefürchtet. Nun aber drehte ich nur zögernd den Wasserhahn auf und prüfte, ob aus dem Duschkopf tatsächlich Wasser kam. Erst als ich es mit eigenen Augen sah, war ich mir dessen ganz sicher.

Man behandelte mich weiterhin mit Medikamenten und verordnete mir eine Gruppentherapie. Nach zwölf Tagen wurde ich entlassen. Der Arzt, ein Glaubensgenosse jüdischer Abstammung, empfahl mir, die Therapie bei einem Kollegen in Amsterdam fortzusetzen. Das konnte ich mir nicht leisten, und so suchte ich einen renommierten Professor am Max-Planck-Institut für Psychiatrie in München auf. Da ich fürchtete, womöglich Monate in der Psychiatrie verbringen zu müssen, antwortete ich auf seine Frage, was mein Problem sei, zögernd, dass mir die politische Situation Sorgen mache. Er muss gewusst haben, dass ich ihm nur auswich, weil ich über meine Lagerzeit nicht sprechen wollte. Oder konnte. Nach drei Sitzungen nahm er mir die Tabletten weg, die ich noch immer nahm, und erklärte mir, dass ich gesund sei. Wir wussten beide, dass das nicht stimmte. Aber ich protestierte nicht.

Bereits als ich noch in Frankfurt wohnte, hatte ich mir, einem Impuls folgend, Leinwand, Farben und Pinsel gekauft und zu malen begonnen. Mein erstes Motiv war die Kirche St. Bartholomä am Königssee, die ich aus einem Esso-Kalender abmalte. Dass es ausgerechnet eine Kirche war, war reiner Zufall – in dem Kalender war nun mal keine Synagoge abgebildet. Anfangs malte ich naturalistisch mit Ölfarbe auf Leinwand. Nach einer Weile stellte ich fest, dass mir die Konzentration auf das Malen über meine seelischen Tiefs hinweghalf. Die Frage, ob ich mich als Künstler sah, hat mich nie beschäftigt, auch wenn das Malen im Laufe der nächsten zwanzig Jahre zu meiner nebenberuflichen Hauptbeschäftigung wurde und meine Bilder in vielen Ausstellungen gezeigt wurden. Ich signierte sie zu Ehren meines Vaters und um mich zu meiner Zugehörigkeit zum Judentum zu bekennen, mit *ben jakov*, das ist hebräisch und heißt Sohn des Jakob.
    Als wir nach sieben Jahren in der Gernotstraße ein weiteres Mal umzogen, diesmal in ein bescheidenes Häuschen im Münchner Vorort Haar, richtete ich mir im Keller erstmals ein eigenes Atelier ein, wo ich herumklecksen konnte, ohne meine Spuren im häuslichen Alltag zu hinterlassen. In meinem Kelleratelier brauchte ich nun keine Rücksicht mehr zu nehmen. Dabei war Grace auch zuvor stets äußerst geduldig gewesen und hatte nicht nur großzügig darüber hinweggesehen, wenn ich versehentlich den Vorhang in Farbe getaucht hatte, sondern war

Dem Leben wieder Farbe geben: Zu Hause im Atelier

mir auch eine liebevolle und konstruktive Kritikerin, die mich immer ermutigte und mir half, mich künstlerisch weiterzuentwickeln. Als Autodidakt hatte ich mich von Anfang an für die Malweise der großen Künstler interessiert und dabei das Spektrum meiner malerischen Techniken mehr und mehr erweitert. Ein Schlüsselerlebnis war der Besuch einer Kandinsky-Ausstellung im Münchner Lenbachhaus. Sie gab mir den entscheidenden Impuls, die gegenständliche Malerei aufzugeben und mich im Abstrakten zu versuchen. Schon bald stellte ich fest, dass ich mich darin viel besser ausdrücken konnte – und nur darum ging es mir: um den Ausdruck meiner seelischen Konflikte, später um den meiner wieder erwachenden Lebensfreude, bei dem die zunächst oft dunklen Töne immer mehr helleren und leuchtenderen Farben wichen. Auf das Ergebnis kam es mir dabei weniger an als auf die Tätigkeit selbst. Ein Konzept hatte ich nicht, meine Bilder waren Zufallsergebnisse. Dabei versuchte ich mich in allen nur denkbaren Techniken: neben dem Malen auf Lein-

wand und auf Glas in Collagen, Sprayen, Tuschen, Aquarellieren und Scratching. Wilde Werke kamen dabei heraus, voller Bewegung und in Farben, die ineinanderfließen. Aber es waren nicht nur Bilder – ich bemalte auch Fliesen, Seide und die Mauern im Garten. Meine Malerei war zu jener Zeit sehr wichtig für mich. Sie war von einer überwältigenden Schaffenslust begleitet, der ich nachgab, sooft es nur ging. Nebenbei erfüllte sie auch einen therapeutischen Zweck: Sie half mir über die Düsterkeit und die Niedergeschlagenheit hinweg, wenn sie mich einholten, was zunehmend seltener der Fall war. Eine Ausstellung zu meinem 80. Geburtstag trug denn auch den Titel »Dem Leben wieder Farbe geben«.

Die erste Ausstellung hatte ich im Jahre 1975. In den darauffolgenden zehn Jahren kamen rund dreißig weitere dazu. Einen Teil meiner Bilder habe ich verkauft, andere verschenkt. Dabei hatte ich immer das Gefühl, sie seien meine Kinder. Ich konnte mich nur schwer von ihnen trennen.

Meinen leiblichen Kindern dagegen bin ich bis heute eng verbunden. Wir telefonieren täglich miteinander. Sie sind verheiratet und haben ihrerseits Kinder. Beide haben das intellektuelle Potential ihrer Mütter geerbt: Eva ist Diplom-Bibliothekarin geworden, Ernst studierte Vergleichende Literatur und Amerikanistik. Ich war mir immer sicher, dass er einmal eine wissenschaftliche Tätigkeit ausüben würde – aber ich habe mich geirrt: Heute arbeitet er erfolgreich als Anlageberater. Eva ist Mutter zweier Töchter und eines Sohnes, Ernst Vater von zwei Töchtern. Als meine Enkelin Lena vier war, entdeckte sie auf meinem linken Unterarm meine Auschwitz-Nummer. Sie fragte mich, was das sei, und ich sagte ihr, das sei eine Telefonnummer, die ich dort aufgeschrieben hätte. Sie mag sich gewundert haben, warum ich keinen Notizzettel genommen habe, aber sie war mit meiner Antwort zufrieden.

Zeitzeuge

Im Frühjahr 1985 besuchten mich die Leiterin der Gedenkstätte Dachau, Barbara Distel, und der Historiker Wolfgang Benz, die mit der wissenschaftlichen Aufarbeitung der Konzentrationslager befasst waren. Sie hatten meine Lageraufzeichnungen für meine Tochter Eva im Archiv der Gedenkstätte in Dachau gelesen und fragten an, ob sie diese in der Publikation ›Dachauer Hefte‹ veröffentlichen dürften. Diese berichteten über die KZ-Forschung und waren zugleich ein Forum für die Überlebenden des Holocaust. Ich stimmte zu.

Die Veröffentlichung löste eine Reihe von Anfragen zu Vorträgen aus, die ich zwar einerseits als Ehre, andererseits aber auch – zumindest anfangs – als Qual empfand. Ich war noch nie als Redner aufgetreten und hatte schreckliches Lampenfieber. Gleichzeitig sah ich meine Vergangenheit erneut auf mich zukommen: Der Blick, den ich schon so lange nur mehr nach vorn hatte richten wollen, würde abermals zurückgehen. Zum ersten Mal kam mir dabei jedoch auch der Gedanke, dass das Zurückblicken nicht nur negative Auswirkungen auf mich selbst, sondern sogar positive in einem politischen Sinn haben könnte. Im Gegensatz zu vielen anderen, vor allem jungen Leuten hatte ich am eigenen Leib erfahren, wie verführbar gerade unpolitische Menschen sind. Und wie gefährdet eine Demokratie ist, wenn das Bewusstsein und die Achtsamkeit dafür verloren gehen. Ich war der Überlebende eines totalitären Infernos, das Millionen von Menschen erniedrigt, gequält und ermordet hatte: Wenn ich meine Erfahrungen mit Menschen teilte, die sich nicht vorstellen konnten, was in den Lagern geschehen war und wozu der Mensch unter bestimmten Bedingungen fähig ist, würde ich vielleicht ihr politisches Bewusstsein und ihr Verantwortungsgefühl für die Demokratie stärken können.

Zum ersten Mal konnte ich plötzlich auch den Gedanken zulassen, dass die Erfahrung Auschwitz ein Schicksal ist, das kein normales Leben mehr erlaubt. Jedenfalls keines, das man führen kann, als hätte es den Holocaust nicht gegeben. Er war Teil meiner Identität und würde es immer bleiben. Das war es, was ich wohl endlich verstehen und akzeptieren musste. Ob der Schritt, über meine Erfahrungen öffentlich zu sprechen, dabei hilfreich oder kontraproduktiv sein würde, wusste ich nicht. Dass ich damit ein sinnvolles Ziel verfolgte, half mir bei dem Entschluss, es zumindest zu versuchen.

Ich wusste, dass ich zuvor meine Haltung zu meinen potentiellen Zuhörern für mich selbst klären musste. Welche Einstellung hatte ich mittlerweile zu dem Volk der Täter, in dem ich ja nun seit dreißig Jahren lebte? Ich hatte keinen Hass auf die Deutschen. Hatte nie Hass empfunden. Er ist meinem Wesen fremd. Nur deshalb war es mir auch möglich, mich immer wieder in sie hineinzuversetzen. So wie ich mich in die Antisemiten hineinversetzt hatte, die mir als Kind begegnet waren: Ich wusste, dass sie zum Antisemitismus erzogen worden waren.

Dieses Wissen hatte mir damals geholfen, ihre beleidigenden Äußerungen nicht persönlich zu nehmen. Als die Judenverfolgungen durch die Nazis begannen, erschrak ich über den Erfolg der Propaganda, doch fragte ich mich auch – vor allem später –, ob ich es meinerseits geschafft hätte, mich der Verführung zu entziehen. Ich fragte mich, ob ich, wenn ich ein Deutscher gewesen wäre, zum Beispiel den Mut gehabt hätte, Juden während der Nazizeit zu verstecken. Das haben viele deutsche Bürger getan, obwohl sie dabei ihr Leben riskierten, und so allein in Berlin 1500 Juden das Leben gerettet. Ich schließe nicht aus, dass auch ich vielleicht ein Mitläufer gewesen wäre. Ich war ein unpolitischer Mensch. Und ich war nie ein Held.

Diese Einschätzung meiner selbst bestärkte mich in meinem Willen zur Versöhnung, den ich immer deutlicher spürte, je öfter ich mit den Menschen nach meinen Vorträgen diskutierte. Das Publikum bestand in erster Linie aus Schülern und Studenten, also aus jungen Menschen, die den Holocaust nicht zu verantworten hatten. Es wäre mir nie in den Sinn gekommen, ihnen die Sünden ihrer Väter und Großväter vorzuwerfen. Ich sah und sehe mich weder als Ankläger noch als Richter, ich bin lediglich Zeitzeuge. Ich möchte die Menschen erreichen – und nicht für Taten zur Verantwortung ziehen, die sie nicht begangen haben. Manche Freunde haben meine Versöhnlichkeit als Schwäche ausgelegt. Sie sagten, ich mache es meinen Zuhörern zu leicht. Diesen Vorwurf konnte ich nicht nachvollziehen. Es ging mir immer nur um Aufklärung, nie um Schuldzuweisung.

Ich erzählte meinen Zuhörern immer auch von meinen persönlichen Erlebnissen. Nicht, um ihnen mein eigenes Leid näherzubringen. Ich wollte ihnen vielmehr die Schrecken der Diktatur deutlich machen. Und die lassen sich durch Zahlen und Statistiken eben nur mangelhaft vermitteln: Was bedeutet es, dass in den Konzentrationslagern viele Millionen jüdischer Menschen umgebracht worden sind? Die Zahl beeindruckt, aber sie berührt nicht, wenn man nicht Einzelschicksale damit verbinden kann. Deshalb berichte ich von dem meinen – als einem Beispiel von vielen. Ich berichte für all die, die nie darüber sprechen konnten und es heute, selbst wenn sie wollten, nicht mehr können, weil sie nicht mehr am Leben sind.

Anfangs fiel es mir sehr schwer, davon zu erzählen. Nicht nur, weil ich Lampenfieber hatte. Sondern auch, weil das Vergangene wieder lebendig wurde und ich alle Demütigungen, Ängste und Schmerzen noch einmal durchlitt. Es gelang mir nur mithilfe von Beruhigungstabletten. Sie halfen mir, dass ich mich an meine Aufzeichnungen halten und daraus vorlesen konnte. Dennoch vermochte ich zum Beispiel lange nicht über den Tod meines Bruders Ernst zu sprechen. Bei Vorträgen in Schulen etwa übergab ich dann meinen Text einem Lehrer, bat ihn, die betreffende Stelle vorzulesen, und verließ unter einem Vorwand für kurze Zeit den Raum. Dennoch gewann ich den Eindruck, dass das Sprechen über meine traumatischen Erlebnisse therapeutisch heilsam für mich war und mir immer leichterfiel. Der Unterschied zu einer üblichen Therapie bestand darin, dass ich nicht auf einer Couch lag, sondern an einem Pult stand, und dass die Fragen nicht von einem einzelnen Therapeuten, sondern von vielen Menschen gestellt wurden. Ich lernte nach und nach, ohne spürbare Emotionen damit umzugehen, schon um die Fragenden nicht zu erschrecken und alle, wirklich alle Fragen zulassen zu können. Beruhigungstabletten brauche ich dabei schon lange nicht mehr.

Bei meinen Reden lernte ich viele junge Menschen kennen. Manche schämten sich, Deutsche zu sein, und entschuldigten sich bei mir. Ich erklärte ihnen immer, dass sie unschuldig seien. Eine Gymnasiallehrerin sagte mir einmal nach einem Vortrag, dass sie froh sei, dass ich mit ihr spräche, wo doch ihr Vater ein »schlimmer SS-Führer« gewesen sei. Sie war vollkommen verstört. »Was können Sie dafür?«, antwortete ich ihr. »Dass Sie mich in Ihre Klasse gebeten haben, beweist doch, dass Sie sich von den Taten Ihres Vaters distanzieren. Man kann sich seine Väter nicht aussuchen.« Solche Begegnungen gab es viele.

Meine Auftritte in den Schulen zogen Anfragen nach Vorträgen und Reden aus verschiedensten Anlässen nach sich. Ich sprach vor Jugendorganisationen ebenso wie vor SPD-Parteiverbänden, vor Studenten wie vor Priestern, darüber hinaus bei Gedenkfeiern in Erinnerung an den Holocaust und bei der Enthüllung von Mahnmalen. Oft habe ich dabei das Kaddisch für die Ermordeten gesprochen. Dazu kamen Podiumsgespräche, Rundfunk- und Fernsehsendungen und zahllose Interviews, die Veröffentlichung meiner Aufzeichnungen und ein Dokumentarfilm über mein Leben unter der Regie von Carolin Otto, ›Der weiße Rabe‹, der seither in den Kinos läuft und sogar in Japan gezeigt wurde. Doch davon später mehr.

Mit Schülern in Dachau

Im Jahre 1986 übernahm ich die erste Führung in der Gedenkstätte Dachau, die 1965 von überlebenden Häftlingen auf dem Gelände des Konzentrationslagers gegründet worden ist und die jedes Jahr von mehr als 700 000 Menschen besucht wird. Die Führungen wurden damals von ehemaligen deutschen Dachau-Häftlingen bestritten. Es waren hauptsächlich Sozialdemokraten, Kommunisten und Gewerkschaftsfunktionäre. Ich fühlte mich verpflichtet, dies stellvertretend für meine jüdischen Lagerkameraden zu tun, und bot der Gedenkstätte meine Dienste an, nicht ohne mich gründlich in der Lagerliteratur darauf vorzubereiten. Ich selbst war ja nur drei Wochen in Quarantäne in Dachau gewesen. Berührungsängste hatte ich daher nicht. Auch hatte ich ja keine Angehörigen in Dachau verloren. Nur angesichts des Krematoriums überwältigten mich die Gedanken an sie, obwohl sie ja nicht hier, sondern in Auschwitz ermordet worden waren – das Dachauer Krematorium war nach den Plänen der Krematorien in Birkenau gebaut worden. Das war auch der Grund, warum ich es zunächst nicht betreten konnte.

Schwester Elija und Max Mannheimer

Einmal führte ich eine Klasse einer Braunschweiger Realschule in der Dachauer Gedenkstätte. Darunter war ein Schüler in einem Skinhead-Outfit: Springerstiefel, weiße Schuhbänder – sie sollen Angriffsbereitschaft signalisieren –, Lederbekleidung mit Nieten und Metallbeschlägen. Bei der Führung wich der junge Mann, er hieß Martin, nicht von meiner Seite und hörte aufmerksam zu. Einige Tage später bedankte sich die Lehrerin für die Führung und schrieb mir, dass Martin das Gefühl gehabt habe, dass ich Angst vor ihm hätte. Ich antwortete ihr, dass sich mein Angstpotential in Auschwitz weitgehend verbraucht habe. Ein paar Jahre später sah ich im Fernsehen einen Bericht über Aufmärsche von Skinheads und NPD-Mitgliedern, darin eine Szene, die Martin, der mittlerweile aus der Szene ausgestiegen war, in seiner Wohnung zeigte. An der Wand war eine israelische Fahne befestigt, und man erfuhr, dass er Automechaniker geworden war und mit einer jungen Polin zusammenlebte. Ich erzähle diese Geschichte manchmal, wenn ich gefragt werde, ob Führungen etwas bewirken können.

* Name geändert

208

Durch meine Tätigkeit lernte ich im Jahre 1988 Schwester Elija Boßler kennen. Sie ist Nonne im Kloster »Karmel Heilig Blut«, das 1964 neben der Gedenkstätte des Lagers Dachau als Sühnekloster gegründet worden ist. Der Karmel ist ein kontemplativer Orden und sieht seine zentrale Aufgabe in der Fürbitte und im Gebet als einer wirkungsvollen Kraft. Die Lebensordnung der meist an die zwanzig Nonnen ist geprägt von Gebet und Arbeit, Zurückgezogenheit und Stille. Mit Schwester Elija verbindet mich seither eine enge Freundschaft. Sie war 22, als sie sich nach einem Besuch in der Gedenkstätte Dachau zum Eintritt in das dort gerade entstandene Kloster entschied. Wie ich auf meine, so widmet sie sich auf ihre Weise dem Erinnern. Im Jahre 1992 schrieb ich ihr in einem Brief: »Sollte man noch einmal versuchen, Synagogen anzuzünden, so würdest Du diese verteidigen, und ich würde dasselbe für die Kirchen tun.« Das ist eine Art Grundmotiv unserer Beziehung geblieben. Bei aller Unterschiedlichkeit haben wir vieles gemeinsam, wie zum Beispiel Hartnäckigkeit und Humor. Ich kann mit ihr über alles reden. Es waren neben dem Malen vor allem die Gespräche mit ihr, die mir halfen, aus dem Tal der Dunkelheit und dem kontinuierlichen Zurückdenken herauszufinden und in der Gegenwart anzukommen.

Zu meinem siebzigsten Geburtstag im Jahre 1990 erfüllte mir mein Bruder Edi einen heimlichen Lebenstraum. Er schenkte mir einen Oldtimer von 1938, einen tschechischen Tatra in Silber, der sich in monatelanger Restaurierung von einem Wrack in ein hochelegantes Auto verwandelt hatte: Drei-Liter-Motor, Luftkühlung, Öl-Umlaufpumpe, 75 PS, Spitzengeschwindigkeit 160 km/h, rubensartig gewölbte Kotflügel. Als 15-Jähriger hatte ich auf dem Neutitscheiner Stadtplatz einen solchen Wagen gesehen. Er hatte dem Hutfabrikanten Hückel gehört, so viel wie fünf Volkswagen gekostet und viele Leute herbeigelockt, die ihn bestaunten, auch meine Brüder und mich. Seither hatte ich davon geträumt, einmal einen solchen Wagen zu fahren. Seinerzeit

Das schönste Geburtstagsgeschenk: ein Tatra

galt er als ungeheuer avantgardistisch – 55 Jahre später war er es noch immer. Er hatte nur einen Konstruktionsfehler: Wegen der allzu großen Räder und der langen Heckflossen reagierte er sehr empfindlich auf Seitenwind. Da half nur eines: langsamer fahren. Auch sonst hatte er wegen seines Alters einige Macken. Aber Macken habe ich auch. Insofern passten wir wunderbar zusammen.

Ich war meinem Bruder unendlich dankbar. Ein größeres Geschenk hätte er mir nicht machen können. Die Fahrten, die ich auf dem roten Ledersitz hinter dem Steuer unternommen habe, gehören zu meinen schönsten Erinnerungen.

Drei Jahre später starb Edi im Alter von 68 Jahren an Leukämie. Sein Tod hat mich tief getroffen. Wir waren einander immer sehr nah – trotz zuweilen unterschiedlicher Ansichten und obwohl wir beide sehr verschieden waren: ich sensibel, vorsichtig und »vernünftig«, er dagegen risikofreudig, umtriebig, mutig und optimistisch. Ich habe ihn immer sehr bewundert. Wie gerne hätte ich ihn länger an meiner Seite gehabt. Ihm verdanke ich mein Leben: Ohne ihn hätte ich Auschwitz nicht überlebt.

1990 war ich Vorsitzender der Lagergemeinschaft Dachau der Bundesrepublik Deutschland geworden. Ihr Ziel ist es, das Andenken an die 41500 im KZ und in seinen Außenlagern Ermordeten wachzuhalten. Da die meisten ehemaligen Häftlinge nicht mehr am Leben sind, gehören der Lagergemeinschaft auch deren Töchter und Söhne an. Zu den Aufgaben der Vereinigung zählt die Erhaltung des ehemaligen Lagers als Mahn- und Gedenkstätte. In der Praxis bedeutet dies unter anderem, dass sie das Internationale Dachauer Komitee, dessen Vizepräsident ich bin, bei der alljährlichen Ausrichtung des Jahrestages der Befreiung unterstützt, an dem stets mehrere Hundert Mitglieder aus ganz Europa teilnehmen. Oder dass sie sich für die Entschädigung von früheren Zwangsarbeiterinnen einsetzt oder für die Bekämpfung neofaschistischer Entwicklungen engagiert. Auf ihre Initiative hin halten einige der wenigen noch lebenden ehemaligen Häftlinge Vorträge in Schulen und anderen Bildungseinrichtungen.

Als Vorsitzender der Lagergemeinschaft und Mitglied des internationalen Zusammenschlusses ehemaliger Häftlinge, des Comité International de Dachau, wurde ich am 1. Juli 1991 zu einem Symposium der damaligen KSZE-, heute OSZE-Staaten mit dem Titel »Kulturelles Erbe« nach Krakau eingeladen. Es ging um die Erhaltung des Auschwitz-Areals, das unter den Schutz der Staaten gestellt werden sollte, die der OSZE angehören. Seit langem hatte ich den Wunsch gehabt, das Lager aufzusuchen, in dem so viele Mitglieder meiner Familie umgekommen waren. Dennoch, als sich die Gelegenheit nun bot, war ich mir unsicher, ob ich die Kraft dazu haben würde, mich der Erinnerung an das Lager und alles andere, was ich dort erlebt hatte, direkt vor Ort auszusetzen. Ich erinnerte mich nur zu gut an meinen Zusammenbruch auf Cuttyhunk angesichts des Hakenkreuzes. Etwas beklommen machte ich mich auf die Reise.

In Auschwitz, 1991

Zunächst fuhr ich nach Ungarisch Brod, wo mir unser Freund Josef Brammer sein Auto lieh: Mein eigener Wagen musste mit bleifreiem Benzin betankt werden, das es zu jener Zeit in Polen nur in Großstädten zu kaufen gab. Am 30. Juni, einen Tag vor Konferenzbeginn, machte ich mich auf in Richtung Krakau. Auf dem Weg dahin wollte ich Station in Auschwitz machen. Die Filmemacherin Carolin Otto und der Kameramann Ulrich Gambke, damals Studenten an der Münchner Filmhochschule, begleiteten mich, weil sie einen Dokumentarfilm über mich drehen wollten. Das Material ist später in dem Film ›Der Weiße Rabe‹ verwendet worden.

Es war ein Hochsommertag, die Sonne brannte vom Himmel. Gegen 16 Uhr erreichte ich Auschwitz-Birkenau. Beinahe fünfzig Jahre war es nun her, dass ich an der Rampe angekommen war und das Schicksal seinen Lauf genommen hatte. Von Weitem schon sah ich die Schornsteine der ehemaligen Pferdeställe in den Himmel ragen. Die Ställe selbst waren großenteils zerstört, da die Bauern, die 1940 aus dem Lagerareal evakuiert worden und nach dem Krieg zurückgekehrt waren, sich der Ziegel für ihre Zwecke bedient hatten, indem sie sie aus den Mauern herausschlugen und die Gebäude stark beschädigten. Die Gaskammern und Krematorien waren, nachdem am 3. November 1944 die Vergasungen eingestellt worden waren, noch von der SS gesprengt worden. Die Rampe mit den Schmalspurschienen gab es nicht mehr. Aber die Wachtürme waren noch da, auch der Stacheldrahtzaun. Überall wuchs kniehoch das Gras.

Die Luft flirrte vor Hitze. Es war ganz still, nichts rührte sich weit und breit. In der Nähe des Krematoriums IV befand sich ein Teich. Dahinein war, wie ich heute weiß, ein Teil der Asche aus den Krematorien gekippt worden. Den Rest hatte man über die Felder verstreut, Asche soll ja ein guter Dünger sein.

Zwei Jungen standen am Ufer, sie hielten Angeln in den Händen und fischten. Ich fragte sie auf Polnisch:

»Gibt es darin große oder kleine Fische?« Sie erschraken, weil es vermutlich verboten war, dort zu angeln, und liefen ohne eine Antwort davon.

Die Begegnung mit dem Lager berührte mich sehr. Ein paar Wochen nach meiner Rückkehr hatte ich wieder leichte Depressionen. Vielleicht bin ich zu sensibel. Obwohl ich nicht religiös bin, half es mir, dass ich das Kaddisch sprechen konnte. Mein Abschied von den Toten.

Im Jahre 2009 kam der Film ›Der Weiße Rabe‹ ins Kino. Er wurde unter anderem in den Lagern Auschwitz und Dachau gedreht, dort, wo ich die schlimmsten Jahre meines Lebens verbracht habe. Der Titel bezieht sich auf eine Bezeichnung, die ich mir zuweilen selber gebe und die Carolin Otto aufgegriffen hat: Als einer der wenigen Überlebenden von Auschwitz bin ich ja doch ein seltener Vogel. Fast so selten wie ein weißer Rabe. Der Film ist mit dem Prädikat »Besonders wertvoll« ausgezeichnet worden und wird noch immer in Kinos und Schulen gezeigt. Auch im Ausland, wie zum Beispiel in der Tschechoslowakei oder in Japan.

Filmplakat in Japan

Mit meinen öffentlichen Auftritten setzte eine Flut von Ehrungen ein, die bis heute anhält. Sie reichen von der Ehrennadel des Grafinger Gymnasiums bis zur Ehrendoktorwürde der Münchner Ludwig-Maximilians-Universität, vom Waldemar-von-Knoeringen-Preis über den Bayerischen Verdienstorden bis hin zum Bundesverdienstkreuz und von der Aufnahme in die französische Ehrenlegion über die Verleihung des Auschwitz-Kreuzes der Republik Polen und des Großen Ehrenzeichens von Österreich bis hin zum Europäischen Karlspreis der Sudetendeutschen Landsmannschaft. Dazu kommen die Ehrenbürgerschaft meiner Heimatstadt Neutitschein und der Stadt Dachau. Letztere empfinde ich als besondere Ehre, zumal sie in den vergangenen 155 Jahren nur insgesamt zwölf Mal verliehen worden ist. Auch darüber, dass das Bildungszentrum im Jugendgästehaus der Gedenkstätte mit der Bezeichnung »Max Mannheimer Studienzentrum« meinen Namen trägt, freue ich mich sehr.

Ich erhielt auch viele Einladungen, denen ich gerne gefolgt bin. So bat mich Rudolf Scharping, damals Vorsitzender der SPD, ihn auf seiner ersten Reise nach Israel im Herbst 1995 zu begleiten. Dabei lernte ich auch den israelischen Außenminister Shimon Peres und andere israelische Politiker kennen. (Ministerpräsident Yitzhak Rabin hatte ich acht Jahre zuvor durch die Gedenkstätte Dachau geführt. Er wurde am 4. November 1995, vier Tage nach unserem Besuch in Tel Aviv, von einem fanatischen jungen Juden ermordet.) Zusammen mit der deutschen Delegation fuhr ich im Anschluss an den Israel-Besuch in den Gazastreifen weiter, wo wir von Jassir Arafat, dem Vorsitzenden der Palästinensischen Autonomiebehörde PLO, empfangen wurden.

Zu dieser Zeit war meine Vortragstätigkeit derart umfangreich geworden, dass mir für das Malen keine Zeit mehr blieb. Meine Pinsel, meine Leinwände und meine Farben stehen seit Jahren unberührt in meinem Keller. Manchmal vermisse ich das Malen schon. Aber das Reden ist mir wichtiger geworden. Ich halte noch immer mehrere Vorträge in der Woche. Die Begegnung mit den – meist jungen – Menschen, ihr Interesse und ihre vielen Fragen signalisieren mir, dass es mir auf meine bescheidene Weise zu gelingen scheint, die Aufmerksamkeit auf mein Anliegen zu lenken, das mich seit mehr als einem Vierteljahrhundert beschäftigt: auf die Notwendigkeit, sich an die Vergangenheit zu erinnern und der Gegenwart mit Achtsamkeit, aber auch mit Toleranz gegenüber Andersdenkenden und Andersgläubigen zu begegnen. Damit das, was geschehen ist, nie wieder geschieht. Es ist mir bewusst, dass ich zu den Letzten gehöre, die davon aus eigener Anschauung erzählen können.

Ich weiß, dass es eine Utopie ist, die Menschen verbessern zu wollen. Dennoch glaube ich an das Gute im Menschen. Trotz allem. Ich bin so erzogen worden und ich funktioniere immer noch so. Und ich halte an diesem Glauben fest, auch wenn er immer wieder einmal erschüttert wird. Sozusagen nach einem

Motto von Bertolt Brecht: »Wer kämpft, kann verlieren – wer nicht kämpft, hat schon verloren.«

Im Jahre 2010 starb meine Frau Grace mit 87 Jahren. Sie war lange krank gewesen, hatte an verschiedenen altersbedingten Krankheiten gelitten. Seither lebe ich allein in dem kleinen Haus in Haar, versorgt von einer Haushälterin. Meine Kinder legen mir nahe, nach München zu ziehen, damit sie schneller und öfter zu mir kommen können, aber ich möchte nicht umziehen. Das Haus ist als Atriumhaus um einen winzigen Garten herum gebaut worden, für mich eine Oase der Ruhe und Entspannung.

Das wichtigste Gerät im Haus ist das Telefon. Täglich kommen Anfragen für Vorträge und Interviews. Mein Terminkalender ist immer voll. Wenn man mich fragt, wie lange ich meine Vorträge noch halten will, antworte ich: »Solange der Herr mich lässt.«

Dass ich nicht mehr gläubig bin, tut dabei nichts zur Sache.

Bildnachweis